Thea

Hexenkunst

Thea

Hexenkunst

AnsataBasics

Ansata Verlag
Ansata ist ein Verlag der Verlagsgruppe
Random House GmbH

ISBN-10: 3-7787-7305-4
ISBN-13: 978-3-7787-7305-5

1. Auflage 2006

Unter Mitarbeit von Medina
Illustrationen: Meike Müller, Hamburg
Einbandgestaltung: Hauptmann und Kompanie
Werbeagentur, München – Zürich, unter Verwendung
eines Fotos von © Gerard Fritz / Getty-Images
Herstellung: Helga Schörnig
Satz: C. Schaber Datentechnik, Wels
Druck und Bindung: Westermann Druck Zwickau GmbH

Inhalt

Holy Maiden Huntress
Artemis, Artemis
Maiden, come to us

Silver shining Wheel
Of radience, radience
Mother, come to us

Ancient Queen of Wisdom
Hekate, Cerridwen
*Old one, come to us**

* aus der CD *Bone Woman*

Vorwort

Liebe Leserinnen, liebe Leser,
liebe Freunde der weißen Magie,

die Hexenkunst, ein jahrhundertealtes Mysterium, war lange Zeit nur einem kleinen Kreis Auserwählter zugänglich. Eingeweihte, initiierte Priesterinnen und Hexen haben ihr verschlüsseltes Wissen früher nur mündlich an wissbegierige Schülerinnen und Schüler weitergegeben. Auf diese Weise blieben die geheimnisvollen Traditionen und okkulten Mysterien bis in unsere Zeit erhalten und konnten schließlich mit dem neuzeitlichen Wissen in Einklang gebracht werden. All dem ist es zu verdanken, dass die Magie heute wieder offiziell ausgeübt werden kann und dass Mitte des letzten Jahrhunderts mit dem Wicca sogar eine moderne Hexenbewegung entstand.

Dieses Buch zeigt Ihnen, wie Sie die Möglichkeiten der »modernen, alten« Hexenkunst für sich selbst nutzen können. Entwickeln Sie Ihre Kräfte, entdecken Sie Ihre Fähigkeiten und erschaffen Sie sich Ihr eigenes glückliches Leben. Es ist höchste Zeit, dass wir uns wieder auf unsere inneren Werte besinnen und uns an das erinnern, was wirklich wichtig ist. Sie brauchen weder viel Geld noch das Abitur oder eine große Menge angelesenen Wissens, um eine gute Hexe zu werden. Einzig Liebe, Glaube und Disziplin bringen Sie an Ihr gewünschtes Ziel. Bleiben Sie also nicht passiv, sondern stellen Sie sich Ihren eigenen, vielleicht noch schlummernden Kräften. Schützen Sie sich vor negativen Energien, ziehen Sie Gesundheit herbei, wünschen Sie sich mehr Liebe in Ihr Leben oder endlich den gewünschten Erfolg im Beruf. Lernen Sie zunächst die einfachen Techniken und Grundlagen kennen und entscheiden Sie dann selbst über Ihren eigenen Fortschritt. Fördern Sie Ihr inneres Wachstum und bringen Sie Überfluss und Freude in Ihr Leben. Finden Sie sich selbst und verbinden Sie sich mit Ihrem wahren Ich. Seien Sie immer fröhlich auf dem Pfad der Erkenntnis und bringen Sie Ihr ganzes Sein in Ihre Magie und Ihre Rituale ein. Lassen Sie nicht zu, dass eine zweifelnde und angstvolle innere Stimme Sie von Ihrem spirituellen Pfad abbringt. Verbinden Sie sich bei allem, was Sie tun, und vor allem in Ihrer magischen Arbeit und bei Ihren Ritualen stets mit Göttin und Gott, den Engeln und lichtvollen Energien. Dann werden Sie deren liebevolle Präsenz immer öfter und immer deutlicher spüren.

Eine gute Hexe sieht die Göttin in allem und macht alles wieder heil. Bringen Sie Liebe in Ihr Leben. Pflegen Sie Freundschaften, achten Sie Ihre Familie und seien Sie dem Frieden und der Gemeinschaft auf dieser Welt stets zu Diensten. Ich bin glücklich, Sie an meinem Wissen teilhaben zu lassen, und vielleicht können wir gemeinsam eine neue, friedlichere Welt erschaffen. Wenn wir unseren Weg gehen, erreichen wir auch das Ziel. Willkommen im geistigen Zirkel.

Dieses Buch ist so gestaltet, dass Sie sich schnell Wissen aneignen können und bald in der Lage sind, den einen oder anderen Zauber bedenkenlos durchzuführen. Nehmen Sie sich innerhalb der nächsten Monate ein wenig Zeit, in der Sie sich ganz diesem Buch widmen. Dann wird sich allmählich die glückliche Zukunft vor Ihnen auftun, die Sie sich schon immer gewünscht haben. Wir können unser Schicksal selbst gestalten, wir müssen nur damit anfangen. Nehmen Sie Ihr Schicksal in die Hand!

In Licht und Liebe
Ihre Thea

Gibt es Hexen wirklich?

Hexen und Zauberer, magische Rituale und Zauberformeln hat es seit Urzeiten gegeben, und es gibt sie noch immer. Menschen waren zu allen Zeiten fasziniert von der Idee, einen Blick in die ungewisse Zukunft zu werfen und das eigene Schicksal positiv zu gestalten.

Im Mittelalter und auch schon lange davor waren die Hexen, die weisen Frauen und die Eingeweihten diejenigen, die um die Heilkraft der Natur und um die Macht des eigenen Willens wussten und somit eine große Rolle im Heilwesen spielten. Das Volk vertraute ihnen und suchte sie bei Krankheiten oder auch bei seelischen Problemen auf – sehr zum Ärger der patriarchalisch strukturierten Kirche, für die Krankheit und Armut wichtige Druckmittel zur Ausübung ihrer Macht waren. Kein Wunder also, dass die weisen Frauen, die den Vertretern der Kirche ein besonderer Dorn im Auge waren, bald als »Hexen« abgestempelt und unbarmherzig verfolgt wurden. Bestialische Folterungen, übelste Verleumdungen und Hinrichtungen auf dem Scheiterhaufen waren damals an der Tagesordnung. Jede Frau, die sich mit Kräutern und Heilkunst beschäftigte, konnte leicht in den Ruf geraten, eine Hexe zu sein. Und war sie erst einmal als Hexe abgestempelt, galt sie als vogelfrei – und der Scheiterhaufen war nicht mehr weit.

Noch heute ist der Begriff »Hexe« vielfach negativ besetzt. Hexen, so sagt man, sind böse und betreiben schwarze

Magie. Man traut ihnen so ziemlich alles Schlechte zu, angefangen von bösen Verwünschungen bis hin zu intensiven geistigen und sogar körperlichen Kontakten mit dem Satan selbst.

Es ist an der Zeit, dass wir den Begriff »Hexe« neu definieren. Dazu sollten wir uns auf die wahre Aufgabe einer Hexe besinnen, die darin liegt, eine »weise Frau« zu sein. Weise Frauen – damit sind nicht nur einige wenige, besonders auserkorene Frauen gemeint, sondern alle Frauen. Auch Sie!

In jeder Frau steckt eine weise Hexe.
Das Urwissen und die Urkräfte schlummern in uns allen. Sie müssen nur erweckt werden.

Dabei sollen Ihnen mein Wissen, meine Erfahrungen und meine Erkenntnisse helfen. Ich möchte Sie ermutigen und anleiten, in den Tiefen Ihrer eigenen Seele nach diesem Urwissen zu forschen.

Sicher fragen Sie sich jetzt, wie Sie beginnen sollen und wann Sie dann wohl eine Hexe sein werden. Nun, das hängt ganz von Ihnen selbst ab.

Eine Hexe wird man nicht durch stupides Pauken, Lesen und Lernen. Damit will ich nicht sagen, dass Sie nicht nach Wissen streben sollen. Aber:

In erster Linie müssen Sie das Hexenhandwerk leben, und zwar jeden Tag!

In dem Moment, in dem Sie sich entscheiden, eine Hexe werden zu wollen, gehen Sie dazu über, Magie und Spiritualität in Ihr Leben zu integrieren. Vielleicht wollen Sie Ihren Weg ganz bewusst mit einigen Meditationsübungen beginnen, die eine gewisse Harmonie in Ihr Leben bringen. Oder Sie versuchen es zunächst mit Achtsamkeit, also damit, dass Sie alles, was Sie ohnehin den ganzen Tag machen, von jetzt an ganz bewusst tun.

▶ Alltägliche Zeremonien, die viel verändern

Machen Sie aus jeder Handlung, die Sie im Alltag verrichten, eine Art Zeremonie. Das beginnt schon bei der Zubereitung Ihres Kaffees oder Tees am Morgen. Seien Sie sich eines jeden Handgriffs, der dazu nötig ist, voll bewusst. Und wenn der Kaffee oder Tee dann vor Ihnen steht, stellen Sie sich vor, wie weißes Licht in die Tasse einfließt und das Getränk voll und ganz mit Energie auffüllt. Bitten Sie Göttin und Gott – oder woran auch immer Sie glauben – darum, dieses Getränk zu segnen, so dass es Sie für den vor Ihnen liegenden Tag stärken kann.

Auch sollten Sie dazu übergehen, Ihr Heim »hexisch« zu gestalten, denn positive Energien in Ihren eigenen vier Wänden tragen entscheidend zu einer glücklichen und erfolgreichen Gesamtsituation bei.

Stellen Sie Kerzen oder Teelichter auf, entzünden Sie hier und da ein Räucherstäbchen oder träufeln Sie ein ätherisches Öl Ihrer Wahl in eine Duftlampe. Sie werden überrascht sein, was für eine wohlige, warme Energie all diese Dinge in Ihr Zuhause bringen können.

Natürlich sind Sie, nur weil Sie all das getan haben, noch lange keine Hexe, aber Sie sind auf dem allerbesten Weg, die alten Weisheiten in Ihr Leben zu integrieren. Und wenn Sie erst einmal eine gewisse Strecke auf diesem Weg zurückgelegt haben, werden Sie erfahren, wie viele Wunder es auf dieser Welt gibt. Wahrscheinlich fragen Sie sich dann gar nicht mehr, wann Sie endlich eine richtige Hexe sein werden, denn irgendwann fühlen und wissen Sie einfach, dass Sie eine sind.

Was ist Magie?

Kann Magie Wunder vollbringen? – Ja, Magie kann Wunder vollbringen, denn genau dafür ist sie da. Das heißt allerdings nicht, dass Sie morgen Teller schweben lassen oder sich von einem Ort zum anderen beamen können.

Magie ist dazu da, unser Leben zu verschönern, es bewusster zu gestalten und uns bei schwierigen Problemen eine Hilfe zu sein. Allerdings sei darauf hingewiesen, dass hier ausschließlich von weißer Magie die Rede ist. Schwarzmagische Handlungen, die aus Bosheit und Egoismus heraus praktiziert werden und anderen Menschen schaden, sind für jede Hexe tabu! Der wichtigste Grundsatz einer guten Hexe lautet:

Tu, was du willst, solange du niemandem schadest.

Mit »niemandem« sind übrigens nicht nur Menschen gemeint, sondern alle Lebewesen und alles, was im Universum existiert. Denn seien Sie gewiss:

Alles, was Sie aussenden, kehrt fünffach zu Ihnen zurück!

Diese Regelung bezieht sich auf gute und schlechte Taten gleichermaßen. Wenn Sie Gutes tun, werden Sie auch Gutes erhalten, und umgekehrt.

Man könnte auch sagen: Behandle jeden so, wie du von ihm behandelt werden möchtest.

Damit ist die Frage, was Magie denn eigentlich ist, noch immer nicht beantwortet. Eine sehr bekannte Antwort lautet:

Magie ist die Kunst und die Wissenschaft, im Einklang mit dem Willen Veränderungen herbeizuführen.

Doch eigentlich gehört die Frage, was Magie wirklich ist, zu den Fragen, die sich jeder selbst beantworten muss. Jeder beschreibt die Magie anders, weil sie jeder anders erlebt. Mit der Magie ist es wie mit der Liebe. Sie ist ewig rätselhaft und schwer zu beschreiben, doch wunderschön und immer zugegen. Und das Schönste ist:

Magie ist Liebe, und Liebe ist Magie.
Alles, was Sie aus liebevollem Herzen tun,

erhält eine ganz wundervolle Energie und steht grundsätzlich unter einem guten Stern.

In der Magie geht es darum, die Energien des Universums mit unserer Willenskraft zu lenken und auf diesem Weg ein Ziel zu erreichen.

Das ist gar nicht so kompliziert, wie es sich anhört, denn es gibt einige einfache magische Techniken, die jeder sofort anwenden kann, auch Sie. Allerdings sollten Sie nicht enttäuscht sein, wenn nicht alles gleich so funktioniert, wie Sie es sich vorgestellt haben. Wie in allem, braucht man auch in der Magie viel Übung und Praxis. Es kann also durchaus sein, dass Sie von kleineren Pannen nicht verschont bleiben. Verstehen Sie diese als Lektion und lernen Sie daraus, denn das ist ein wichtiger Meilenstein auf dem Weg der Hexe: die Fähigkeit aus den eigenen Erfahrungen zu lernen, und zwar ein ganzes Leben lang.

Visualisieren

Eine wichtige magische Technik ist das Visualisieren. Das heißt ganz einfach, dass Sie das gewünschte Ziel vor Ihrem geistigen Auge sehen können. Wenn Sie so tun, als sei Ihr Wunsch bereits in Erfüllung gegangen, wird er sich auch bald in Ihrem Leben manifestieren. Bei der Übung mit dem Kaffee oder Tee haben Sie ja auch nichts anderes gemacht. Sie haben sich die weiße Energie vorgestellt, und sie ist in das Getränk gezogen. Das ist Magie. Vorstellen heißt, etwas mit dem Geist zu erschaffen.

Wenn es Ihnen erst gelungen ist, etwas in Ihrem Geist zu erschaffen, dann wird es sich auch verwirklichen.

Sie dürfen nur keinesfalls daran zweifeln. Zweifel sind das schlimmste Gift für jede magische Handlung. Sie blockieren Ihre Energie und machen Ihre ganze magische Arbeit zunichte. Haben Sie Vertrauen in das Universum, denn wenn Ihr Wunsch einem reinen Herzen entspringt, wird er auch in Erfüllung gehen.

Loslassen

Da es in der Magie immer darum geht, Energien fließen zu lassen, ist es wichtig *nicht nur* zu visualisieren. Denken Sie nicht jeden Tag an Ihren Wunsch oder Ihre Vorstellung, sondern lassen Sie los. Schicken Sie Ihre Wünsche weg und warten Sie dann ab. Das Loslassen fällt vielen Menschen schwer, aber es ist ein sehr wichtiger Schritt zum Erfolg. Sie müssen Ihren Wunsch ganz an das Universum abgeben und sollten anschließend möglichst nicht mehr daran denken. Sobald Sie Ihren Wunsch losgeschickt haben, wird das Universum den Rest erledigen. Wenn Sie sich ständig fragen, ob Sie auch wirklich gut visualisiert haben, ob das Universum Sie vielleicht vergessen hat, ob dies dazwischen gekommen sein könnte oder dass jenes vielleicht nicht geklappt hat, bleiben Ihre Wünsche oft unerfüllt. Das Zauberwort heißt Vertrauen!

Rituelle Handlungen

Natürlich können Sie die eben beschriebene Art der Magie auch beim Abwaschen oder Staubwischen praktizieren. Allerdings besteht dann die Gefahr, dass Sie abgelenkt werden und deshalb nicht genügend Energie in Ihre Arbeit legen können. Aus diesem Grund ist es ratsam, magische Arbeiten in Form eines Rituals durchzuführen, und zwar an einem speziell dafür ausgewählten Ort. Dort sollten Sie ungestört sein und sich vor allem wohl fühlen. Ihr besonderer Ort kann ein Platz im Freien sein, vielleicht im Garten oder im Wald, oder auch eine Ecke in Ihrer Wohnung, ganz wie es Ihnen angenehmer ist.

Magische Werkzeuge

Jede Hexe arbeitet bei Beschwörungen, Ritualen und Zeremonien mit unterschiedlichen Geräten, Werkzeugen und Utensilien, die sie zum Teil selbst hergestellt und geweiht hat und die der Entwicklung und Förderung der inneren Fähigkeiten und Kräfte dienen. Einige dieser magischen Gegenstände werden Sie sicher schon zu Hause haben (beispielsweise Kerzen), andere sollten Sie sich unbedingt besorgen, wenn Sie öfter magische Rituale durchführen möchten.

Der Altar sollte entweder aus Stein oder aus Holz bestehen. Sie können auch einen kleinen Tisch, der immer wieder weggeräumt werden kann, zum temporären Altar erklären, in dem Sie ihn mit einer entsprechenden Decke verhüllen. Der Tisch oder Stein, der Ihnen als Altar dient, sollte so groß sein, dass

JUPITER
W

auf seiner Platte folgende Gegenstände Platz haben: drei Kerzenständer, eine Wasserschale, ein Räucherbecken, die Hexenpyramide, eine Duftlampe, zwei kleine irdene Schüsseln (für Wasser und Erde), ein Kerzenlöscher.

Das Buch der Schatten ist eine Art magisches Tagebuch, in dem Sie alle Erfahrungen und Fortschritte dokumentieren, die Sie auf Ihrem magischen Weg machen. Natürlich können Sie dort auch Rezepte und Sprüche aufnehmen, die Ihnen wichtig sind. Wie Sie Ihr persönliches Buch der Schatten gestalten, bleibt ganz Ihnen überlassen. Ich empfehle Ihnen jedoch, das Buch als eine Art Loseblattsammlung in einen Ordner zu führen. Dann haben Sie die Möglichkeit, die Blätter ganz nach Belieben neu zu ordnen und Ergänzungen zu einzelnen Themen hinzuzufügen, wann immer Sie das für nötig oder sinnvoll halten. In der Tradition wird dieses Buch immer an die nächste Hexe in der Familie weitergegeben oder vererbt.

Die Statue der Göttin repräsentiert die Göttin, die Sie verehren, zum Beispiel die große Göttin Diana. Ihr gebühren Respekt und Anerkennung. Vor der Göttin wird eine rote Rose in einer Vase mit frischem Wasser aufgestellt, um diesen Respekt und diese Anerkennung zum Ausdruck zu bringen.

Der Dolch symbolisiert das Element Luft und wird benutzt, um die Energien, die in den Ritualen aufkommen, in die richtigen Bahnen zu lenken. Er ist ein Hilfsmittel des Befehls und zerschneidet schlechte Energien. Manche Eingeweihte benutzen statt des Dolches ein Schwert, das dann die gleiche Bedeutung hat.

Der Zauberstab symbolisiert das Element Feuer und ist eines der ältesten und berühmtesten magischen Werkzeuge. Er wird sowohl zur Anrufung von Göttin und Gott benutzt als auch, um symbolisch den Schutzkreis zu ziehen. Laden Sie Ihren Zauberstab in einer Meditation bei Vollmond auf, bevor Sie ihn zum ersten Mal benutzen. Falls Sie noch keinen geeigneten Zauberstab gefunden haben, können Sie stattdessen auch einen Haselnusszweig verwenden. Damit erzielen Sie dieselbe Wirkung.

Der Kelch steht für das Element Wasser sowie für das Blut und die Kraft der großen Göttin. Er verkörpert also das weibliche Prinzip. Während des Rituals ist er mit Wein oder rotem Traubensaft gefüllt und hält alle Wünsche und Gedanken, die in diesem Ritual eine Rolle spielen.

Das Pentakel repräsentiert das Element Erde. Es ist ein Pentagramm, das auf Pergamentpapier, Holz oder Kupfer gezeichnet wird und mit Ihren persönlichen Geheimzeichen beschriftet werden kann.

Das Räuchergefäss besteht meistens aus Kupfer oder Messing und wird benutzt, um dem Ziel des Rituals entsprechende Räucherungen vorzunehmen. Füllen Sie Ihr Räucher-

gefäß immer mit etwas Sand oder Erde auf, damit es außen nicht zu heiß wird und Sie es noch anfassen können.

Der Besen ist ein wichtiger Ritualgegenstand, der Göttin und Gott heilig ist. Fegen Sie Ihren magischen Ort grundsätzlich vor jedem Ritual symbolisch aus, denn damit beseitigen Sie sämtliche Energieblockaden. Der Besen wird dem Element Wasser zugeordnet. Natürlich können Sie Ihren Besen auch selbst herstellen. Verwenden Sie Weiden- und Birkenzweige, denn die Birke sorgt für Schutz, während die Weide den Kontakt zur Göttin herstellt.

Der Hexenkessel – er ist meistens dreibeinig – verkörpert die Fruchtbarkeit der großen Göttin. Er steht für Inspiration und für die Unsterblichkeit Ihrer Seele. Sie können Ihren Hexenkessel mit Blumen schmücken. Sie können ein Feuer darin entzünden und Ihren Wunschzettel in die Flammen werfen. Sie können ihn aber auch mit selbst zubereiteten Liebessalben oder Cremes füllen.

Ritualkleidung: Nicht nur der Ort der magischen Handlungen muss gestaltet werden, auch Sie selbst sollten sich ganz bewusst aus der Alltagswelt hinausbegeben, bevor Sie den magischen Raum betreten. Dazu gehört nicht zuletzt die passende Kleidung. Lassen Sie sich, wenn Sie die Möglichkeit haben, ein schwarzes Ritualgewand anfertigen (Schwarz steht für Schutz) oder nähen Sie sich Ritualgewänder in verschiedenen Farben (siehe auch Seite 168).

Edelsteine, Mineralien und Metalle speichern persönliche Schwingungen, bündeln und speichern kosmische Energien, bewahren die Gesundheit und können zu Glück, Freude, Wohlstand und Segen verhelfen. Sie dienen uns als Glücksbringer oder zum Schutz.

Magische Öle: Ich benutze magische Öle hauptsächlich zum Einölen der Ritualkerzen. Sie werden aber auch als Aphrodisiaka und für die Meditation verwendet. Kaufen Sie sich entweder fertige Ölmischungen oder stellen Sie Ihre Öle selbst zusammen. Je sorgfältiger Sie das Öl für den jeweiligen Zweck aussuchen, desto stärker ist die Wirkung, die es entfalten wird. Magische Öle erhalten Sie in vielen Esoterikläden oder im Versandhandel.

Kräuter und Pflanzen können Sie als Tees oder Räucherungen zur Stärkung der seelischen oder körperlichen Kräfte sowie zur Abwehr böser Gedanken und schwarzmagischer Energien und Angriffe einsetzen.

Kerzen sind Bestandteil eines jeden Rituals und werden, je nach Thema der rituellen Handlung, in unterschiedlichen Farben und Formen eingesetzt.

- Weiße Kerzen gehören zur Grundausstattung eines jeden Rituals.
- Figurenkerzen werden in Liebesritualen verwendet. Sie stellen entweder eine männliche oder eine weibliche Per-

son dar. Eine Kerze in Form eines Hochzeitspaares wird bei Liebesritualen verwendet, deren Ziel es ist, einen Menschen zur Heirat zu bewegen. Damit dieses Ritual Erfolg hat, sollte man allerdings zumindest verlobt sein beziehungsweise in einer Partnerschaft leben.

- Pyramidenkerzen eignen sich besonders gut für alles, was mit Geld, Liebe, Erfolg, Gesundheit und Reinigung zu tun hat.
- Die Prozesskerze unterstützt Verhandlungen und Prozesse und wirkt ausgleichend.
- Mit Hilfe einer Schlangenkerze lassen sich böse Flüche abwehren oder zumindest entkräften.

Das Wasserbecken braucht man zum Wahrsagen, für Trance- oder Meditationsübungen, für Reinigungsrituale und zum Entmagnetisieren.

Der Mörser wird benötigt, um Samen, Nüsse, Gewürze oder Kräuter zu zerkleinern oder zu pulverisieren.

In **zwei irdenen Schalen** bewahrt man einerseits magnetisiertes oder reines Fluss-, Quell- oder Brunnenwasser auf und andererseits magische Erde.

Die Hexenpyramide symbolisiert die in einer Pyramide verborgene Kraft. Man kann sie selbst herstellen, aber auch in Geschäften kaufen. Sie sollte nicht höher als dreißig Zentimeter und aus weißem oder blauem Karton gefertigt sein. Auf die vier Pyramidenseiten zeichnen Sie (bei Vollmond um

JUPITER
W
MERKUR
S

Mitternacht) mit einem blauen oder roten Filzstift folgende Symbole, Zeichen und Namen:

- auf die erste Seite: das Pentagramm, den Namen Salomon und darunter den Buchstaben O
- auf die zweite Seite: die Mondsichel, den Namen Diana und den Buchstaben N
- auf die dritte Seite: das Zeichen für Jupiter, den Namen Jupiter und darunter den Buchstaben W
- auf die vierte Seite: das Zeichen für Merkur, den Namen Merkur und darunter den Buchstaben S

Den Hexenhut gibt es in Form einer Pyramide oder als Kegel. Man trägt ihn bei Ritualen, bei Reinigungen oder im Geistigen Zirkel. Er verstärkt die Konzentration und die magische Intuition. Manche Hexen beschriften ihn wie eine Hexenpyramide.

Die Kristallkugel ist nicht nur zum Wahrsagen da. Eingeweihte können mit ihr auch hellsehen, die Zukunft deuten sowie Gefahren erkennen und Vorkehrungen treffen.

Wicca – die Tradition der Hexen

Der Glaube der Hexen wird seit Mitte des 21. Jahrhunderts als »Wicca« bezeichnet, aber sein Ursprung reicht weit in die Zeit vor der Entstehung der großen Weltreligionen zurück. Viele

Hexen glauben, dass ihr Kult bereits in der Steinzeit entstanden ist. Demnach wäre er etwa 40 000 Jahre alt. Trotz zeitweiliger Unterdrückung, vor allem zur Zeit der Christianisierung, wurde das alte Wissen im Verborgenen immer weitergepflegt und -praktiziert. Allerdings gibt es keine schriftlichen Zeugnisse, die das belegen, denn das Hexenwissen wurde ausschließlich mündlich innerhalb bestimmter Familien weitergegeben, und zwar meist von der Mutter an die Tochter. Mit dem Begriff Hexe brachte man auch in früheren Zeiten nicht nur Gutes in Verbindung. Es hieß, eine Hexe könne mit ihrem Zauber sowohl Glück als auch Unglück schüren und sie könne die Menschen mit ihrem alten Kräuterwissen zwar von schlimmen Krankheiten befreien, ihnen aber auch großen Schaden zufügen. Dennoch gab es in jedem Ort eine »Dorfhexe«, die bei allen möglichen Problemen konsultiert wurde. Meist war sie Heilerin, Hebamme und Zauberin in einer Person.

Das dunkelste Kapitel in der Geschichte der Hexen begann, als Papst Gregor IX. (1227–1241) die päpstliche Inquisition ins Leben rief. Inquisitionsprozesse konnten ohne jeden Strafantrag in Gang gesetzt werden. Die Inquisitoren waren Kläger, Beweisführer und Richter in einer Person. Kein Wunder also, dass sie vor allem mit ihren Hexenprozessen Angst und Schrecken verbreiteten. Etwa eine Million Menschen fielen der Hexenverfolgung zum Opfer. Als letzte Hexe Europas gilt Anna Göldin. In ihrem Prozess gab sie unter Folter zu, die Kräfte des Teufels zu nutzen, woraufhin man sie 1782 zum Tod durch das Schwert verurteilte. Das Urteil wurde im Juni 1782 in Glarus in der Schweiz vollstreckt.

Aufgrund der Hexenverfolgungen und der damit verbundenen Angstmacherei waren die Anhänger der Alten Religion lange Zeit gezwungen, im Verborgenen zu arbeiten. Erst Mitte des 20. Jahrhunderts wagten sie sich allmählich wieder an die Öffentlichkeit. Sie schrieben ihr Wissen in zahlreichen Büchern nieder und wandten sich auch an die Medien, um einerseits den wahren Inhalt ihres Glaubens zu offenbaren und andererseits das allgemein eher schlechte Image der Hexen etwas aufzubessern. Sie hatten und haben das Bedürfnis, endlich für Aufklärung zu sorgen. Immer mehr Menschen fühlen sich zum Hexenhandwerk hingezogen und treten dieser Tradition aufgeschlossen und interessiert entgegen. Die neue Bewegung, die mittlerweile weltweit unter dem Namen »Wicca« bekannt ist, entstand in den fünfziger Jahren des zwanzigsten Jahrhunderts in England. Ihr damals wichtigster Vertreter war Gerald Brosseau Gardner, dessen 1954 erschienenes Buch *Witchcraft Today* (»Der Hexenkult heute«) eine enorm weite Verbreitung fand. Die Begeisterung ebbte nicht mehr ab, und spätestens zu Beginn der siebziger Jahre kann man von einer regelrechten Wicca-Welle sprechen.

Wicca ist zwar eine Naturreligion, geht aber über die reine Verehrung der Natur hinaus, da sie mit dem Element der Magie arbeitet und ihre Anhänger somit die Möglichkeit haben, in die Realität einzugreifen und sie nach ihren Wünschen zu »formen«. Vor allem Frauen fühlen sich der Wicca-Tradition verbunden, da weibliche Werte hier einen sehr hohen Stellenwert haben und Frauen den Männern absolut gleichgestellt sind. Das steht im Gegensatz zu den strengen

Regeln der meisten patriarchalischen Weltreligionen, die ihre Macht häufig über Druck und Angstmacherei ausüben.

In der Wicca-Religion wird das Göttliche sowohl in männlicher als auch in weiblicher Form verehrt. Gott und Göttin stehen gleichberechtigt nebeneinander und sind auch nicht von uns Menschen getrennt. Vielmehr stecken sie in allem, was existiert, auch in uns selbst. Sie schaffen die Welt um uns herum und sind selbst diese Welt. Alles ist eins, und alles ist gleichwertig.

Die große Göttin

In unserer Tradition lautet der Name der großen Göttin Diana. Es gibt aber noch etliche andere Namen für die Göttin und ebenso viele Götterwelten. Die Göttin wird als die große Mutter gesehen, der alles Leben entspringt und zu der alles, was lebt, eines Tages zurückkehren wird. Verehrt wird die Göttin häufig in ihrer Dreifaltigkeit: als Artemis, die Jungfrau; Diana, die Mutter, und Hekate, die weise Alte. Diese Dreifaltigkeit findet sich auch in den Mondphasen: zunehmender Mond, Vollmond und abnehmender Mond.

Viele Religionen gründen auf dem Kult der Mondgöttin, die sich zur Zeit der Christianisierung in die Jungfrau Maria verwandelt hat. Aradia, die Tochter Dianas, soll von Diana selbst zur Erde geschickt worden sein, um als erste Hexe das heilige Wissen zu verbreiten. Sie hatte niemals Beziehungen zu Männern und demnach auch keine Kinder – und ihre Anhängerinnen taten es ihr gleich. Die große Göttin Diana ist nur in unserem eigenen Inneren zu finden. Wenn wir sie anrufen und bitten, uns zu helfen und beizustehen, erwecken wir sie in uns selbst und werden eins mit ihr.

Der gehörnte Gott

Der gehörnte Gott verkörpert das männliche Prinzip des Universums, und seine Hörner symbolisieren die abnehmende und die zunehmende Mondsichel. Außerdem steht er für Kraft und Mut und besitzt ein animalisches Wesen, das gern liebt, feiert und genießt. Er ist das Männliche schlechthin. Die Frauen achtet er als freie Wesen und bringt ihnen Respekt und Verehrung entgegen. Wandel und Veränderung sind ihm zu eigen, und er selbst ist der verkörperte Drang nach Freiheit. In den ewigen Kreislauf von Tod und Wiedergeburt eingebunden beginnt sein Leben mit der Wintersonnenwende und erreicht seinen Höhepunkt zur Sommersonnenwende. Das Christentum verwandelte den gehörnten Gott der Hexen kurzerhand in den gehörnten Teufel und verschaffte damit der Behauptung, die Hexen seien »Teufelsanbeter«, eine makabre Berechtigung.

Gott und Göttin – eine Einheit

Gott und Göttin verkörpern zwei Pole, die gemeinsam den Ursprung des Universums bilden. Wir alle haben die Möglichkeit, sie durch Gesänge, Musik und Tanz anzurufen und auf diese Weise in uns selbst zu erwecken. Wenn Sie ernsthaft daran interessiert sind, das Hexenhandwerk zu lernen, sollten Sie Gott und Göttin in Ihr Leben treten lassen. Natürlich können Sie zu den großen Jahreskreisfesten und zu den

Esbatfesten Rituale für Gott und Göttin abhalten, doch das ist nicht der eigentliche Kern der Sache. Das Zaubern spielt im Wicca nicht die Hauptrolle, denn Wicca ist vor allem eine Religion, von der wir unser ganzes Leben durchdringen und verändern lassen. Genau wie in allen anderen Religionen gibt es auch bei uns Zeiten der Sammlung und des Gebets, in denen wir uns zurückziehen, um uns auf das Göttliche einzustimmen und Kontakt mit Gott und Göttin aufzunehmen. Besonders gut eignen sich hierfür die frühen Morgenstunden sowie die Abendstunden und die Zeiten kurz vor den Mahlzeiten, aber auch alle anderen Momente, in denen Sie das Gefühl haben, besonders gut mit dem Göttlichen in Verbindung treten zu können. Wo Sie sich auf das Göttliche einstimmen, spielt keine besonders große Rolle, Sie sollten an dem gewählten Ort lediglich die Möglichkeit haben, sich auf Ihr Inneres zu besinnen. Wenn Sie als Ort der Sammlung Ihren Altar oder Ihre Meditationsecke wählen, sollten Sie dort eine weiße Kerze entzünden. Sie steht für das Göttliche.

Reinkarnation

Der Glaube an die Reinkarnation ist fester Bestandteil des Gedankenguts einer Hexe. Alles bildet einen nie endenden Kreislauf, und das gilt auch für die Reise unserer Seelen. Unser eigentliches Zuhause liegt auf der anderen Seite, im »Jenseits«, in unserer Tradition auch »Anderswelt« genannt. Unser Dasein in diesem Leben dient nur dazu, uns reifer werden zu lassen. Wir lernen, damit wir auf die nächste Stufe und damit ein Stück weiter kommen. Wir Hexen vertreten die Ansicht, dass wir uns sämtliche Probleme, die wir in diesem Leben haben, alle Schwierigkeiten, aber auch alles Schöne bereits vor unserer Geburt selbst ausgesucht haben. Es mag Ihnen vielleicht unvorstellbar sein, aber Sie haben sich Ihr Lebensmotto selbst erwählt. Das Universum sorgt stets für einen gerechten Ausgleich, auch über mehrere Leben hinweg. Wenn ein Mensch in diesem Leben eine schwere Sünde begeht, ist noch längst nicht gesagt, dass er das dadurch erzeugte Karma auch in diesem Leben abtragen muss. Es ist durchaus möglich, dass dies erst in einem seiner nächsten Leben geschieht. Seien Sie jedoch gewiss, dass jedes Unrecht, das Ihnen angetan wird, gesühnt werden muss, auch wenn das vielleicht nicht immer gleich deutlich wird. Alles, was Sie aussenden, erhalten Sie fünffach zurück, auch und vor allem die Liebe.

Hexe – ein Kind der Natur

Der Hexengarten

Seit Jahrtausenden wissen Heilkundige aller Kulturen um die magische und heilende (Heil bringende) Kraft der Pflanzen. In den frühesten Epochen der Menschheitsgeschichte fühlte sich der Mensch als Teil der Natur, zu der auch die Welt der Pflanzen und die der Tiere gehörte. Schamanen und Heilkundige konnten bei Bedarf in die Welt der Pflanzen reisen und sich die Kraft ihrer Bewohner, beispielsweise der Kräuter, zunutze machen. Im Alten Ägypten wurden unterschiedliche Kräuter zum Einbalsamieren der vornehmen Toten verwendet. Die Frauen in Ägypten, aber auch in anderen Kulturen wussten die Kraft der Pflanzen und Kräuter zu allen Zeiten für ihre Schönheit einzusetzen. Kleopatra soll beispielsweise mit Rosenblättern angereicherte Bäder genommen haben. Stark aromatische Gewächse, wie Fenchel oder Sellerie, spielten eine wichtige Rolle in den Mysterien, die im antiken Griechenland und im Orient gefeiert wurden. Die Heilkundigen des Mittelalters und der Renaissance beschäftigten sich intensiv mit dem Studium vor allem jener Kräuter, die sie als Arzneimittel einsetzten.

Zu allen Zeiten und in allen Kulturen der Welt wurden Kräuter aber auch in magischen Ritualen verwendet, so auch von uns modernen Hexen. Damit auch Sie die wichtigsten Kräuter immer in Reichweite haben, sollten Sie sich einen eigenen Kräutergarten anlegen.

Die Neuanlage eines Hexengartens

Wenn Sie das Glück haben, auf dem Land zu wohnen, wo Sie genügend Gartenfläche zur Verfügung haben, oder wenn Sie gerade in ein neues Haus gezogen sind, können Sie sich bei der Gestaltung Ihres Hexengartens so richtig austoben.

Ganz am Anfang steht die Wahl des richtigen Standorts. Dabei ist zu bedenken, dass Ihr Garten immer auch ein Ort der Ruhe und der Meditation sein sollte. Der ideale Garten liegt an einem geschützten, sonnigen und ruhigen Standort, denn hier fühlen sich Kräuter und Pflanzen am wohlsten. Der Garten sollte in der Wachstumsperiode etwa neun Stunden Sonne pro Tag haben. Beachten Sie den Lauf der Sonne, aber auch, welche Stellen Ihres Gartens starkem Wind ausgesetzt sind und wo sich das Wasser ansammelt.

Anschließend machen Sie sich Gedanken über den Stil Ihres Kräutergartens. Soll er wild und zwanglos sein und sich seine Form selbst suchen? Oder sollte es eher eine streng geometrische Anlage sein? Machen Sie sich eine Skizze von Ihrem zukünftigen Garten und vergessen Sie nicht, die Pflanzen und Kräuter, die Sie am liebsten anpflanzen würden, mit aufzumalen. Auf diese Weise bekommen Sie ein Gefühl für die Anordnung. Einen Ruheplatz mit einer Gartenbank sollten Sie bei Ihrer Planung auf keinen Fall vergessen. Er soll so liegen, dass er später zu einem idealen Ort der Harmonie und Besinnlichkeit werden kann.

Planen Sie auch die Wege mit ein und achten Sie darauf, dass die Kräuter nicht mehr als sechzig Zentimeter vom Weg entfernt gepflanzt werden. Wege sind wichtig, denn sie geben die Form Ihres Kräutergartens vor. Lassen Sie die Wege in möglichst vielen Windungen verlaufen, denn auf gewundenen Pfaden geht es sich viel gemütlicher, und man hat außerdem den Eindruck, ein viel größeres Gelände zu durchmessen, als wenn man auf schnurgeraden Pfaden durch den Garten hetzt. Wenn die Wege außerdem immer wieder ihre Richtung ändern, kommt Bewegung in den Hexengarten. Ich persönlich bevorzuge spiralige Pfade in verschiedenen Varianten. Befreien Sie die Stellen, wo der Weg verlaufen soll, von Gras und Unkraut, und bedecken Sie die freigelegte Erde mit Sand. Der Sand bildet eine gute Grundlage für Ihre Pfade und lässt das Wasser besser in die Erde absickern. Zum Schluss, wenn Ihr Garten komplett bepflanzt ist, können Sie sich im Baumarkt Kies besorgen (sehr schön ist Marmorkies), den Sie dann auf den Sand streuen. Entlang des Weges legen Sie große Steine zur Abgrenzung – und fertig sind die Gartenwege, auf denen Sie Ihre Beete leicht erreichen können.

Besorgen Sie sich auf jeden Fall auch noch einen großen ausgehöhlten Stein und legen Sie ihn zu Ihren Kräutern. Dieser Stein ist das Zuhause der Kobolde und Feen, die ihre Magie an die sie umgebenden Pflanzen abgeben und so deren Wachstum beschützen. Je mehr Kobolde und Feen das Gefühl haben, geachtet zu werden, desto mehr von ihren Fähigkeiten geben sie an ihre Umwelt ab. Wenn Ihr Budget es zulässt, können Sie noch einen kleinen Engel aus Stein dazustellen, denn auch er wird Ihren Garten und Ihr Haus beschützen.

Einen Bereich Ihres Gartens sollten Sie für Küchenkräuter, wie Basilikum, Rosmarin, Schnittlauch, Petersilie, Thymian, Majoran etc., reservieren, einen weiteren für Heilkräuter. Unentbehrlich sind auch magische Kräuter, wie Salbei zur Reinigung, Lavendel und Liebstöckel für Liebesrituale, Johanniskraut zur Unterstützung von Geldritualen und so weiter. Setzen Sie die Jungpflanzen nicht zu dicht nebeneinander, denn Kräuter dehnen sich aus. Man rechnet etwa zehn bis zwölf Kräuterpflanzen pro Quadratmeter.

Etwas weiter vom Zentrum Ihres Gartens entfernt pflanzen Sie Bäume, zum Beispiel einen Apfelbaum oder einen Kirschbaum. Die Ecken sollten auf jeden Fall mit Haselnusssträuchern, Farnkraut und Lorbeer bepflanzt werden. In die Mitte gehört der Ruheplatz mit einer Sitzbank, von der aus Sie die ganze Pracht genießen können. Rings um die Sitzgelegenheit werden aromatische Gewächse, wie Fenchel, Salbei, Weihrauch, Engelwurz, Bergamotte, Johanniskraut, Eisenkraut, Kamille und Rose, gepflanzt. Auch Kräuterbäume, duftende Lauben und Wasserschalen lassen sich in einem großen Areal unterbringen.

Wenn Sie nur eine kleine Gartenfläche zur Verfügung haben, setzen Sie eine Auswahl der oben aufgeführten Pflanzen in Form einer Spirale von außen nach innen. Im Mittelpunkt sollte auch hier eine kleine Bank stehen. Auf jeden Fall pflanzen Sie an den Rand des Gartens einen Haselnussstrauch und Farnkraut. Weihrauch, Salbei, Lavendel, Johanniskraut, Bergamotte, Eisenkraut, Engelwurz, Kamille und

Rosen sollten in jedem Fall Bestandteil des kleinen Kräutergartens sein.

Der Hexengarten auf dem Balkon

Nicht jede von uns bewohnt ein Häuschen im Grünen und kann sich einen eigenen Garten anlegen. Auf dem Balkon einer Stadtwohnung, auf einer Terrasse oder in einem Innenhof muss man sich mit Kleinstgärten in Pflanztrögen begnügen. Wählen Sie leichte Pflanztröge, die sich gut verschieben lassen, damit die Pflanzen mit dem Lauf der Sonne verstellt werden können. Ein kleiner Tipp: Bau- und Gartenmärkte bieten Untergestelle auf Rädern an, die Ihnen die Arbeit mit Sicherheit erleichtern. Auf Terrassen und in Innenhöfen finden auch größere Keramiktöpfe Platz, die mit mehreren Kräutern gleichzeitig bepflanzt werden können. Lavendelstöcke bieten übrigens einen guten Sichtschutz und verbreiten darüber hinaus einen herrlichen Duft.

Drahtgestelle an der Hauswand ermöglichen Ihren Pflanzen das Klettern, was Ihnen Rosen und Efeu sicherlich danken werden. Auf versetzt an der Wand angebrachten Regalen können kleine Körbe, Tröge und Töpfe untergebracht werden. Bepflanzen Sie diese mit Küchenkräutern und hängenden Pflanzen, zum Beispiel mit wilden Erdbeeren. Alternativ können Sie auch eine kleine Holzleiter mit Dübeln und Schrauben an der Wand befestigen. Stellen Sie nun zwei bis drei bunte Töpfe auf die Sprossen Ihrer Leiter und fixieren Sie diese mit Schnüren oder Drähten. Nach der Bepflanzung, zum Beispiel mit Kapuzinerkresse, Kamille, Lavendel, Thymian, Basilikum, Rosmarin, Majoran und so weiter, haben Sie eine richtige Kräuterleiter, die Ihnen viel Freude machen wird.

Denken Sie auch an Schutzwände, um Ihren Balkon- oder Terrassengarten vor allzu starkem Wind zu bewahren. Befestigen Sie alles gut und bedecken Sie die Erde in Ihren Pflanztrögen oder Blumentöpfen mit Kies, damit nichts verwehen kann.

Kräuter auf der Fensterbank

Wer weder einen Garten noch einen Balkon oder eine Terrasse zur Verfügung hat, muss keinesfalls auf Pflanzen verzichten. Auch an einem sonnendurchfluteten Fenster können Pflanzen und Kräuter gut gedeihen. Der Blumenkasten sollte mehreren Kräutern eine Heimat bieten. Er muss also groß genug sein. Achten Sie jedoch unbedingt darauf, dass sich keine Staunässe darin bildet, denn davon gehen viele Pflanzen ein. Kräuter brauchen Licht, Luftfeuchtigkeit und vor allem Schutz vor Durchzug. Am Fensterrahmen können Sie kleine Regale anbringen, auf denen Töpfe oder Körbe Platz finden. Hängen Sie außerdem einen oder zwei Körbe am oberen Fensterrahmen auf. So ist Ihr Fenster perfekt mit Kräutern eingerahmt, und Sie werden viel Freude an Ihrem Fenstergarten haben.

Zauberpflanzen und wofür man sie verwendet

Nach uralter Überlieferung werden Zauberpflanzen in verschiedene Gruppen eingeteilt – je nachdem, für welchen magischen Dienst sie sich besonders gut eignen.

Amulettkräuter

Diese Kräuter schützen vor bösen Kräften und Gedanken und werden in Amuletten an verschiedenen Stellen des Körpers getragen: Alraune, Beifuß, Engelwurz, Farnkraut, Holunder, Maulbeerbaum, Mondraute, Odermenning, Petersilie, Rosmarin, Stechpalme, Steinklee, Traubenkirsche, Ulme, Wacholder, Weide, Wegerich, Wermut.

Beschrei- und Berufskräuter

Diese Kräuter schützen vor schwarzmagischen Angriffen und vor dem bösen Blick: Alant, Basilienkraut, Brennnessel, Christophskraut, Dorant, Dost, Ehrenpreis, Eisenkraut, Erle, Johanniskraut, Frauenschuh, Gundelrebe, Hagedorn, Haselnuss, Hauhechel, Heidekraut, Klette, Knoblauch, Königskerze, Kreuzkraut, Mistel, Pappel, Pfingstrose, Quendel, Rainfarn, Raute, Salbei, Sonnentau, Wacholder, Wermut.

Glücks- und Liebespflanzen

Wie ihr Name schon verheißt, verhelfen diese Kräuter zu Liebesfreuden, Glück, Ehre und Reichtum. Besonders bewährt haben sich: Anis, Apfelbaum, Aronstab, Ehrenpreis, Efeu,

Engelsüß, Enzian, Frauenhaar, Immergrün, Johanniskraut, Kalmus, Kirschbaum, Knabenkraut, Krokus, Lavendel, Liebstöckel, Lindenblüten, Mandelbaum, Melisse, Mohn, Mondraute, Myrte, Nelke, Pfirsichbaum, Pinie, Quitte, Ringelblume, Rose, Sellerie, Sonnenblume, Weinrebe, Wermut, Zaunrübe, Zwiebel.

Helfkräuter

Diese Kräuter fördern magische Fähigkeiten wie das Hellsehen, sorgen für einen wendigen Geist und geben die richtigen Worte ein: Alraune, Arnika, Asant, Attich, Baldrian, Bambus, Beifuß, Bibernell, Birke, Borretsch, Brennnessel, Buchkraut, Buchsbaum, Dill, Distel, Dost, Eberraute, Engelwurz, Erdbeere, Fenchel, Flieder, Gänseblümchen, Gauchheil, Ginster, Hafer, Hagedorn, Hirtentäschel, Holunder, Kamille, Kornblume, Lorbeer, Löwenzahn, Maiglöckchen, Melisse, Mistel, Nieswurz, Odermenning, Pfefferminze, Quendel, Rhabarber, Rosmarin, Rübe, Salbei, Schafgarbe, Schlehe, Schöllkraut, Seerose, Siegwurz, Spitzwegerich, Ulme, Veilchen, Walnuss, Zwiebel.

Wetterkräuter

Diese Kräuter sollen nach alter Überlieferung Blitz, Hagel, Hochwasser und Sturm bannen. Darüber hinaus lindern sie körperliche Beschwerden, die durch das Wetter ausgelöst werden, wie beispielsweise Müdigkeit, Kopfweh oder Gelenkschmerzen. Als Wetterkräuter haben sich Arnika, Eberesche, Farnkraut, Hauswurz und Weide bewährt.

Magische Pflanzen für das allgemeine Wohlbefinden

Dass es unter den Pflanzen wahre Wunderheiler gibt, ist schon fast so lange bekannt wie es Menschen auf dieser Erde gibt. Doch seit die pharmazeutische Industrie Möglichkeiten gefunden hat, die so genannten Wirkstoffe der Pflanzen nicht nur zu isolieren, sondern sogar synthetisch herzustellen und zu Arzneimitteln zu verarbeiten, die Krankheiten und Beschwerden wie von Zauberhand zum Verschwinden bringen können, sind die heilsamen Kräfte der Natur in Vergessenheit, manchmal sogar in Verruf geraten. Zu Unrecht, wie ich meine. Natürliche Hilfsmittel lassen sich nämlich nicht nur sehr gezielt gegen körperliche Erkrankungen einsetzen, auch unsere Psyche und unser Unterbewusstsein werden von den natürlichen Wirkstoffen der Pflanzen, zum Beispiel von ihren Duftstoffen, nachhaltig beeinflusst.

Die folgenden Pflanzen steigern unser allgemeines Wohlbefinden und schaffen so eine gute Basis für die Bewältigung unserer alltäglichen Aufgaben.

Lindenblüten

Wie der Name schon vermuten lässt, hat die Linde eine lindernde Wirkung. Mit Lindenblütentee kann man die unterschiedlichsten Wehwehchen vertreiben, aber auch für unser seelisches Wohlergehen sind die Blüten dieses großartigen Baumes ein Allheilmittel. Nach jeder intensiven Meditation und nach anstrengenden magischen Ritualen verleiht Lindenblütentee wieder Bodenständigkeit und Ausgeglichenheit. In Situationen, die mit Stress verbunden sind und unter Umständen weit reichende Entscheidungen erfordern, sorgt Lindenblütentee für innere Klarheit und Ruhe. Früher pflanzte jeder Vater – egal, ob er ein einfacher Bauer oder ein Landesfürst war – zur Geburt seines Kindes einen Lindenbaum. Damit sollten die Gesundheit des Kindes, sein ungestörtes Wachstum und auch seine geistige Entwicklung gestärkt und gefördert werden.

Kamille

Die Blüten der Kamille stehen wie kleine Sonnen dicht beieinander und scheinen sich gegenseitig zu beschützen. Die reinigende und wohltuende Wirkung dieser kleinen, sonnengleichen Blüten ist den meisten bekannt. Kamille wirkt aber nicht nur beruhigend, als Salbe auf die Haut und als Tee auf die inneren Organe, sondern auch – ganz im Gegenteil – euphorisierend auf den Geist. Bloßes Riechen am ätherischen Öl der Kamille kann bewirken, dass boshafte Gedanken, Aggressionen und schlechte Laune plötzlich wie weggeblasen sind. Früher sagte man: »Ein Kamillebeet wächst umso besser, je mehr darauf getreten wird.« In diesem Sinne ist die Kamille ein »Stehaufmännchen« und bewirkt das Gleiche für unsere Psyche. Sie stärkt die Durchsetzungskraft und erhöht die Gelassenheit, die man braucht, um schlechte Zeiten zu überstehen. Als ätherisches Öl in der Duftlampe, reinigt die Kamille jedes Zuhause von negativen Energien.

Vanille

Die Vanille ist eine tropische Kletterpflanze, und zwar eine Orchideengattung, von der wir in der Regel nur die schwärzlich vergorenen Schoten kennen. Diese Schoten enthalten einen aromatischen Stoff, das Vanillin. Mit ihrem unverwechselbaren Aroma ist die Vanilleschote ein Symbol für Wohlbefinden. Sie vermittelt das Gefühl, in sich zu Hause zu sein und sich gleichzeitig nach außen öffnen zu können. Der wohligen Atmosphäre, die ihr Duft verbreitet, ist es zu verdanken, dass Vanille gerade in der Winterszeit in keiner Duftschale fehlen darf und natürlich auch in keinem Rezept, ob für Weihnachtsplätzchen, Waffeln oder Punsch. Vanille ist auch fester Bestandteil fast aller Rezepte für magische Getränke und Speisen. Sie trägt dazu bei, die Menschen zueinander zu führen und eine friedliche Stimmung für intensives magisches Arbeiten zu schaffen.

Bergamotte

Bergamotte ist die am intensivsten wirkende Zitrusfrucht. Sie fördert Visionen und steigert die Intuition. Die Wirkungen ihres ätherischen Öls sind allgemein bekannt. Es vertreibt schlechte Gerüche, wehrt Insekten ab und neutralisiert Zigarettenrauch. Abgesehen davon trägt Bergamotte aber auch zu einer Verbesserung der Konzentration bei und klärt den Verstand. Daher wird Bergamotteöl vielfach bei magischen Ritualen eingesetzt, denn gerade da ist aufmerksames Arbeiten wichtig und notwendig. Das Öl hilft, die alltäglichen Banalitäten hinter sich zu lassen und sich ohne Abschweifung den gerade anstehenden, wirklich wichtigen Dingen zu widmen. Vor allem wenn Sie sich in Ritualen schwer tun, bestimmte Situationen vor Ihrem geistigen Auge entstehen zu lassen, kann Ihnen Bergamotte eine große Hilfe sein. Es regt nämlich die Phantasie an und hilft der Vorstellungskraft enorm auf die Sprünge.

Magische Pflanzen für die Schönheit

Die folgenden Pflanzen wirken wahre Wunder, wenn es um die Pflege von Schönheit und angenehmer Ausstrahlung geht.

Aloe vera

Nur wegen dieser zauberkräftigen Pflanze soll Alexander der Große eine ganze Insel erobert haben, und natürlich wusste auch die stets auf Schönheit und Attraktivität bedachte Kleopatra um das Geheimnis der Aloe vera. Der Saft dieser Pflanze wirkt wohltuend in Hautcremes, Seifen und Shampoos für jeden Hauttyp. Die herausragende Eigenschaft der Aloe vera besteht jedoch darin, dass sie sogar durch UV-Strahlen geschädigte Haut heilen kann. Außerdem lassen ihre Inhaltsstoffe Brandwunden schneller verheilen. Mein spezieller Tipp: Trinken Sie jeden Morgen einen kleinen Becher Aloe-vera-Saft. Nehmen Sie ihn in ganz kleinen Schlucken zu sich und stellen Sie sich dabei vor, wie Ihre inneren Organe von einem strahlend hellen Licht durchdrungen werden. Sie wissen ja: Magische Schönheit kommt von innen.

Fenchel

Fenchel gehört zu den ältesten Kulturpflanzen der Menschheit. Die Römer aßen ihn, um sich Mut zu machen und für den Kampf zu stählen. Ihre Frauen hatten diese Pflanze allerdings aus ganz anderen Gründen ins Herz geschlossen. Dazu müssen wir wissen, dass der wichtigste Bestandteil der Fenchelpflanze nicht etwa ihre Wurzel ist, die wir so gern als Gemüse essen, sondern ihre Samen. Sie bergen das Geheimnis der Schönheit und des Wohlbefindens. Zerstoßene Fenchelsamen werden beispielsweise zu Gesichtsmasken verarbeitet, die man aufträgt, um die Haut zu reinigen und Hautentzündungen zu lindern. Wer den Samen langsam kaut, hat immer frischen Atem. Fenchelsamen ist außerdem eines der ältesten und besten Schlankheitsmittel. Füllen Sie die zerstoßenen Samen in Arzneikapseln und nehmen Sie vor jeder Mahlzeit eine dieser Kapseln. Die Wirkung ist verblüffend. Und denken Sie daran: Abnehmen kann man am besten zwischen Vollmond und Neumond.

Salbei

»Salbei im Garten verhindert das Altern«, sagte man früher. Salbei galt lange Zeit als Lebenselixier und sollte bei regelmäßiger Anwendung sogar zur Unsterblichkeit verhelfen. Als bekanntes Küchengewürz, das fast jede Art von Fleisch aromatischer macht, wirkt sich Salbei positiv auf die Verdauung aus und bekämpft Pilze im Magen-Darm-Trakt. Äußerlich angewendet – etwa als Gesichtsbad oder in einer Reinigungsmilch – wirkt er lindernd und aufbauend. Wenn Sie Ihre grauen Haare nachdunkeln möchten, geben Sie nach dem Waschen kräftigen Salbeitee als Spülung auf Ihr nasses Haar. Mit Salbeiblättern gereinigt, werden auch Ihre Zähne wieder strahlend weiß.

Holunder

Der Holunderbaum ist von alters her als Baum der Hexen bekannt. Aus seinem Holz wurden die Hexenbesen gemacht, und wer unter einem Holunderbaum einschlief, hatte Visionen und empfing Wahrträume aus der Unterwelt. An dieser Stelle wollen wir jedoch von den Vorzügen des Holunders für die Schönheit sprechen. Was die äußere Schönheit angeht, so eignet er sich hervorragend zum Färben von Stoffen, und das gleich in mehreren Farben, hauptsächlich Gelb, Grün und Rot, je nachdem, welchen Pflanzenteil man verwendet. Holunderblüten, die zu einem Tonikum oder zu Reinigungsmilch verarbeitet werden, glätten die Haut und bleichen Sommersprossen aus. Wenn man Holunderwurzeln und -blätter zur Stunde des aufgehenden Mondes in Wein aufkocht und diesen dann trinkt, so kann man damit überschüssiges Wasser aus dem Körper ableiten. Dieser Wein ist also ein leckerer Schlankmacher.

Zitrone

Zitronensaft ist das Putzmittel für besonders hartnäckige Fälle. Sie können damit zum Beispiel Raucherflecken von Fingern und Zähnen entfernen. Aber auch als Tonikum wirkt Zitronensaft reinigend und klärend und beseitigt zudem unangenehme Gerüche. Die Hausfrau und Köchin, die auf eine angenehme äußere Erscheinung achtet, weiß die Kraft der Zitrone zu schätzen, denn beim Kochen mit Knoblauch oder Zwiebeln bleibt immer ein unangenehmer Geruch an den Fingern zurück. Und den bekommt man mit Zitronensaft weg. Stellen Sie im Winter eine kleine Schale mit frischen Zitronenschalen auf die Heizkörper. Das verbreitet eine frische, sommerliche Atmosphäre, die Ihre Aura reinigt und harmonisiert.

Magische Pflanzen für die Liebe

Bei den folgenden Pflanzen handelt es sich um typische Liebespflanzen. Lassen Sie sich von ihrer Wirkung überraschen.

Rose

Ihrem betörenden Duft und ihrer einzigartigen Schönheit hat die Rose ihren Ruf als Königin der Pflanzen zu verdanken. Und sie ist wahrlich eine Königin mit wunderbarer Zauberkraft. Welche Frau kann widerstehen, wenn ihr Mann sie mit einem Strauß Rosen überrascht? In der Magie wird sehr viel mit dem ätherischen Öl der Rose und mit Rosenwasser gearbeitet. Es gibt kaum ein Liebesritual, in dem nicht auch Rosenöl verwendet wird oder zumindest eine magische Duftmischung, in der Rosenöl enthalten ist. Allein der Duft der Rose vermittelt ein Gefühl der Liebe, Zuneigung und Harmonie, dem sich niemand entziehen kann. Halten Sie deshalb

immer eine Flasche Rosenwasser zu Hause bereit. Wenn Sie Besuch bekommen, schütten Sie jedem Gast ein wenig Rosenwasser in die linke Handfläche. Der Gast verreibt das Rosenwasser zwischen den Händen und atmet den Duft ein. Auf diese Weise sorgen Sie für ein harmonisches und liebevolles Zusammentreffen, denn der betörende Duft der Rose erstickt böse Worte im Keim und besänftigt selbst den streitsüchtigsten Gesprächspartner.

Veilchen

Klein und bescheiden wächst das Veilchen im Schatten von Büschen und Bäumen. Doch sein starker Duft wirkt wie ein Magnet und führt uns zu ihm hin. Das Veilchen ist ein Symbol für die unsichtbare, aber dennoch unaufhaltsame Wirkung von Liebesritualen. Weil die Form seiner Blüte eine gewisse Ähnlichkeit mit der Vagina der Frau hat, galt das Veilchen schon bei den alten Griechen als Fruchtbarkeitssymbol. Als ständige Begleiterin der Göttin Aphrodite stand diese Pflanze auch für die erotische Lust. Kein Mann kann der berauschenden Wirkung zarter Veilchenblüten widerstehen. Bereiten Sie an einem Freitagabend ein köstliches Liebesmahl zu und garnieren Sie den Nachtisch mit sieben kandierten Veilchen. Sie werden sehen: Diese Köstlichkeit macht Appetit auf mehr!

Jasmin

Diese Kletterpflanze mit ihren traubenförmig angeordneten Blüten zaubert eine fröhliche Stimmung, nicht nur in Ihren

Garten, sondern auch in Ihre Beziehung. Besonders wenn Sie Ihren Partner an frühere, leidenschaftlichere Zeiten erinnern wollen, ist der Duft der Jasminblüte das wirkungsvollste Mittel. Er weckt das Begehren vergangener Tage. Wundern Sie sich nicht, wenn Ihr Partner plötzlich wieder um Sie wirbt und sich von seiner charmantesten Seite zeigt. Er fühlt sich einfach wieder wie frisch verliebt. Wenn Sie diese Wirkung optimal nutzen wollen, geben Sie einfach einige Tropfen ätherisches Jasminöl in Ihre Duftlampe. Am besten stellen Sie gleich mehrere Duftlampen in der Wohnung auf, zumindest aber eine im Wohnzimmer und eine im Schlafzimmer. Ihr Partner wird dann wieder ungeahnte Phantasie und Euphorie entwickeln.

Petersilie

Keine kluge Mondfrau wird dieses unentbehrliche Küchenkraut ohne Hintergedanken verwenden. Vor allem wenn Ihr Partner ein bisschen lustlos oder noch nicht so recht entschlossen ist, sollten Sie ihm reichlich Petersilie in jedes Essen geben. Eine Überdosierung ist kaum möglich. Petersilie weckt die Lebensgeister in jeder Hinsicht, denn, abgesehen von vielen Vitaminen und Mineralien, enthält sie reichlich Chlorophyll. Und Chlorophyll hat eine ungemein vitalisierende und durchblutungsfördernde Wirkung. Kombinieren Sie den Duft von reichlich Petersilie im Essen mit dem der Rosen auf dem Tisch. Diese Mischung ist einfach unwiderstehlich. Da sollten Sie sich schon vorher überlegen, ob Sie einen Heiratsantrag auch verkraften können.

Sellerie

Dieses Gemüse hat es wirklich in sich. Egal, ob Stange oder Wurzel, Sellerie ist einer der stärksten natürlichen Lustmacher. Selleriewurzel bringt die richtige Würze in jeden Eintopf und aromatisiert sämtliche Gewürzmischungen. Die Nebenwirkung: Lust auf Lust. Wenn Sie Ihren Liebsten ganz spontan verführen wollen, ist Sellerie das beste Mittel, und zwar am besten roh zubereitet als würziger Salat. Aber auch für die sanftere Variante gibt es ein Rezept: Umwickeln Sie Selleriestangen mit etwa vier bis fünf Zentimeter langen, dünn geschnittenen Schinkenstreifen und reichen Sie gut gewürzten Sauerrahm dazu. Selleriestangen regen an, nicht nur durch ihren Geschmack, sondern auch durch ihr Aussehen. Wenn Sie diese Phallussymbole verlockend zubereiten und mit einer hellen Sauerrahmsauce servieren, wird das Liebesmahl seine Wirkung nicht verfehlen. Die Assoziation mit weiteren Aktivitäten liegt einfach zu nahe.

Senf

Senfsamen wurden früher zu jedem Essen gereicht, und das nicht nur wegen des Geschmacks. Senf wächst so schnell, wie die Glut der Liebe sich entfachen soll. Dekorieren Sie den Körper Ihres Partners mit kleinen Delikatessen und geben Sie reichlich Senf dazu, je nach Geschmack süßen, mittelscharfen oder extra scharfen. Zu diesen Liebeshäppchen empfehle ich Ihnen ein paar Senfkörner in Wein. Das verstärkt die erotisierende Wirkung.

Magische Pflanzen für jeden Monat

Januar

Für diesen Monat ist das Immergrün die ideale Pflanze. Es gilt als Symbol des Todes und der Wiederauferstehung. Auch der Januar bringt nach dem Tod des alten Jahres die Wiederauferstehung des neuen. Die Geister des Vorjahres müssen vertrieben werden, damit ein neuer, frischer Wind durch unsere Umgebung wehen kann.

Februar

So langsam wird uns der Winter zu viel. Wir zittern schon wie Espenlaub. Die Espe zittert allerdings, weil ihr Holz so weich und elastisch ist. Die Geräusche, die sie dabei verursacht, ließen die Menschen früher annehmen, sie erzähle ihnen etwas und könne die Zukunft vorhersagen. Somit ist die Espe der ideale Baum für den Februar, den Monat des sinnlichen Erspürens.

März

Die Anemone ist das Symbol des aufkeimenden Frühlings. Ihre purpurroten Blüten strahlen Lebensfreude und Energie aus. Diese Blume sagt uns: »So, jetzt kann es wieder losgehen!« Sie ist der Vorbote der Fruchtbarkeit und gibt den »Startschuss« zum allgemeinen Wachsen und Sprießen.

April

Der wunderbar berauschende Duft frisch erblühter Lilien liegt in der Luft. Die Lilie gilt als Symbol der Göttinnen Juno und Ishtar. Sie steht für Reinheit und das Erwachen der Sinne. Im April ist die Natur wieder ganz erwacht. Rein und frisch erstrahlt das neue Grün der zarten Blätter und leuchtet mit den bunten Farben der Blüten um die Wette.

Mai

Der Monat der Liebenden, dem die Göttin Maia ihren Namen gab, gehört dem Weißdorn. Dieser, so sagte man früher, zeige durch seine Blütenpracht eine oder mehrere Schwangerschaften in der Umgebung an. Zum Maifest wurden die Mädchen mit Weißdornzweigen geschmückt, ein Zeichen ihrer Weiblichkeit.

Juni

Im Monat der wachsenden Liebe, des Verstehens und der Erotik soll geheiratet werden. Welche Pflanze würde sich wohl besser für den Monat Juni eignen als die Erdbeere? Diese sehr sinnliche Frucht, rot und wohlschmeckend, verführt zu sinnlichen Liebespielen und lädt auch noch zu anderen zügellosen Schlemmereien ein.

Juli

Jetzt beginnt die Zeit der Sonnenblume, die ihren Namen nicht zufällig trägt. Einerseits sieht ihre Blüte aus wie ein Abbild der Sonne, andererseits reckt sie ihr Gesicht immer in Richtung des feurigen Planeten. Die Indianer kultivieren die Sonnenblume schon seit mehr als dreitausend Jahren und verwenden sie auch für zeremonielle Zwecke. In China verarbeitet man einen Innenteil der Pflanze zu Moxakegeln, die gegen Krankheiten und Schmerzen eingesetzt werden.

August

Der Monat der großen Göttin Diana gehört der Rose, der Königin unter den Pflanzen. Sie ist nicht nur ein Symbol der absoluten Liebe, sondern steht auch für Harmonie und Frieden. Der Duft einer Rose ist so betörend, dass selbst ein völlig ungehobelter Klotz darüber ins Träumen gerät. Als Blume des Glücks beflügelt sie all unsere Vorhaben und schenkt uns Zuversicht und Reichtum.

September

Die Erntezeit beginnt, und der Mais steht in seiner vollen Pracht auf den Feldern. Seine gelbe Frucht ist noch verdeckt, aber bald kommt sie zum Vorschein und spiegelt mit ihrer matten, noch sonnigen Farbe den ausklingenden Sommer wider. Mais ist ein beliebtes Nahrungsmittel für Menschen wie für Tiere. Er macht satt und ist vielseitig verwendbar.

Oktober

Das Werk des Jahres ist vollbracht, die Ernte ist eingefahren, der Vorrat für den Winter ist gesichert. Ein Kranz aus Lorbeer gebührt dem Bauern, der sein Werk erfolgreich zu Ende geführt hat. Lorbeer ist in wärmeren Gegenden eine immergrüne Pflanze. Uns dient sie als Vorsorge für den Winter und zum Schutz gegen Krankheiten, Geister und Naturkatastrophen.

November

Der Monat November gehört der Weide. Sie wächst an feuchten Flussufern und vereint so die Elemente Wasser, Erde und Luft in sich. Als der keltischen Göttin Aradia geweihter Baum ist die Weide der Hexenbaum schlechthin. Ihre magischen Kräfte, die unter anderem eingesetzt werden, um mystische Inspiration zu erhalten und Frieden zu finden, sind ebenso gefragt wie ihre medizinischen Wirkstoffe, beispielsweise der Rindenbestandteil Salizylsäure, bestens bekannt als das Medikament Aspirin.

Dezember

Im Dezember werden in den Häusern über den Türstöcken Mistelzweige aufgehängt. Küsst sich ein Paar darunter, sind eine baldige Heirat und lebenslange Treue zu erwarten. Auch die keltischen Druiden nutzten die magischen Kräfte dieser Pflanze: Sie schnitten die Misteln mit goldenen Sicheln von den Bäumen und verwendeten sie als Zutat für ihre geheimnisvollen Zauberrezepte.

Die magischen Gesetze für den Umgang mit Zauberkräutern

Heilpflanzen und Zauberkräuter sollten an ganz bestimmten Tagen und im Einklang mit den Mondphasen geerntet und angewendet werden, damit sie ihre magische Wirkung voll entfalten können.

Die Bedeutung der Wochentage

Wenn eine Pflanze an dem Wochentag geerntet oder eingesetzt wird, an dem ihr Regent aktiv ist, entfaltet sie eine besonders ausgeprägte Heilwirkung oder Zauberkraft.

Wochentag	Regent der Pflanzen	Sternzeichen
Sonntag	Sonne	Löwe
Montag	Mond	Krebs
Dienstag	Mars	Widder, Skorpion
Mittwoch	Merkur	Zwillinge, Jungfrau
Donnerstag	Jupiter	Schütze, Fische
Freitag	Venus	Stier, Waage
Samstag	Saturn	Steinbock, Wassermann

Den Planeten sind folgende Pflanzen zugeordnet:

Sonne: Eibisch, Eisenkraut, Enzian, Granatapfel, Johanniskraut, Lavendel, Lorbeer, Majoran, Myrrhe, Quendel, Ringelblume, Rosmarin, Sonnenblume, Thymian

Mond: Kamille, Kresse, Linde, Mohn, Mondkraut

Mars: Brennnessel, Distel, Eisenhut, Hahnenfuss, Hauhechel, Knoblauch, Lauch, Mispel, Senf, Wegerich, weiße Nieswurz, Wolfsmilch, Zwiebel

Merkur: Akelei, Anis, Ehrenpreis, Fünffingerkraut, Holunder, Huflattich, Lungenkraut, Wacholder

Jupiter: Birnbaum, Buche, Erdbeere, Erdraute, Esche, Feigenbaum, Haselstrauch, Kirschbaum, Lein, Lilie, Mandel, Olive, Rhabarber, Süßholz, Weinstock, Weizen

Venus: Fette Henne, Frauenhaar, Knabenkraut, Narzisse, Petersilie, Rose, Sandelkraut, Steinklee, Veilchen, Wasserlilie

Saturn: Bilsenkraut, Efeu, Flachs, Goldwurz, Hanf, Hauswurz, Hirtentäschel, Kümmel, Moose, Nachtschattengewächse, Opium, Schierling, Sennesblätter

Die Bedeutung der Mondphasen

Beim Sammeln von Kräutern sollte man nicht nur auf den richtigen Wochentag achten, sondern sich auch und ganz besonders nach den Mondphasen richten.

Vollmond: Sammeln Sie in dieser Mondphase vor allem Thymian, Bärlapp, Lavendel und Basilikum. Diese Kräuter entwickeln bei Vollmond ihre stärkste Kraft und sind dann am heilkräftigsten.

Abnehmender Mond: Da in dieser Mondphase die Säfte der Pflanze im Wurzelwerk gespeichert sind, sollten Sie bei abnehmendem Mond vor allem Pflanzenwurzeln sammeln. Sie sind dann besonders wirksam.

Zunehmender Mond: Pflanzen, deren Früchte, Blüten, Stängel oder Blätter für magische Zwecke benötigt werden, sollten bei zunehmendem Mond gesammelt werden. Diese Phase des Mondes bewirkt nämlich, dass die Pflanzensäfte nach oben steigen.

Die Große Mondin – Herrscherin der Nacht

In der Nacht entwickelt der Mond – die »Große Göttin« oder »Große Mutter« – seine größte Kraft. Es ist Sila, jene magische Kraft, die es weisen Frauen und Hexen ermöglicht, zum Wohle der Menschen zu wirken. Der Mond ist aber auch ein Symbol für die dreifache Göttin: Selene (Vollmond), Artemis (zunehmender Mond) und Hekate (abnehmender Mond und Neumond). Er verstärkt paranormale und magische Energien, transformiert Gedanken und Wünsche und nimmt auf, was ihm demütig und flehentlich dargebracht wird. Die einzelnen Mondphasen sind sehr wichtig und müssen genau beachtet werden, da sie Kräfte verstärken, aber auch schwächen und sogar blockieren können.

Zunehmender Mond

Der zunehmende Mond fördert alles zu Tage, was in der Seele und im Geist eines Menschen schlummert und nach draußen will. Er hilft bei allem, was wachsen und gedeihen soll. Alles, was man sich in dieser Mondphase aufrichtigen und ehrlichen Herzens vornimmt, wird sich positiv verwirklichen. Bitten um Gesundheit, Wohlstand und Glück werden erhört.

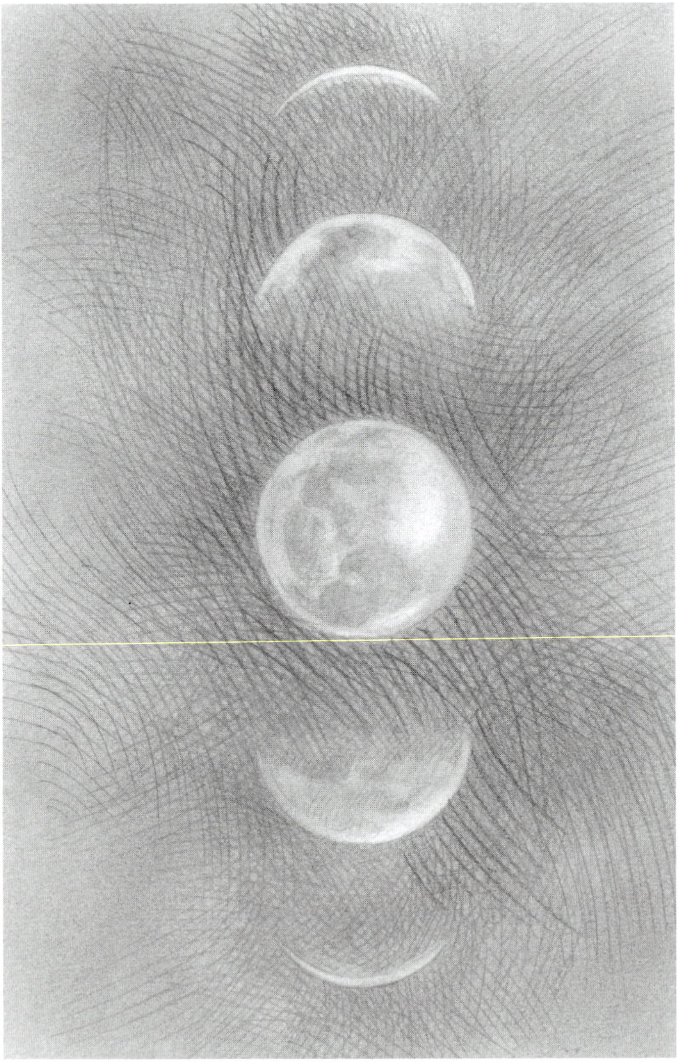

Vollmond

Der die Nacht durchdringende, alles erhellende Vollmond verleiht die Kraft, selbst schwierigste Vorhaben in die Tat umzusetzen. Er fördert die Durchsetzungskraft und lässt alles in klarem Licht erscheinen. Es ist eine Zeit großer psychischer Spannung. Jetzt sind die magischen Energien am stärksten ausgeprägt. Rituale und Zeremonien müssen in dieser Phase sehr verantwortungsvoll und von positivem Geist beseelt durchgeführt werden.

Abnehmender Mond

Bei abnehmendem Mond vermindern sich die seelischen, geistigen und körperlichen Kräfte, und die Intuition verliert an Intensität. In dieser Phase sollte man sich zurücknehmen und keine Forderungen stellen. Warten Sie lieber auf eine günstigere Mondphase.

Neumond

Die Neumondphase (etwa zweieinhalb Tage) sollte für große Rituale, intensive Beschwörungen, Wirkzauber und Anrufungen tabu sein. Wer sich nicht daran hält, wird bald am eigenen Leib erfahren, wie sich Wünsche und magische Gebete in ihr Gegenteil verkehren und eine höchst unangenehme Wirkung entwickeln können.

Die Magie der Wochentage

Jedem Wochentag ist ein bestimmter Planet zugeordnet, dessen Energie diesen Tag grundlegend beeinflusst. Daher sollten alle Rituale und Zeremonien an jeweils den Wochentagen durchgeführt werden, deren Planetenenergie sie am besten unterstützen, damit sie ein Höchstmaß an Wirkung entfalten können. Unsere Vorfahren wussten, dass jeder Tag der Woche über ganz besondere Eigenschaften verfügt, die durch den Einfluss seines »Regenten« – das heißt, des Planeten, der ihn regiert – bestimmt werden. Diese Planetenenergie entspricht den Eigenschaften jener Götter aus der griechisch-römischen oder keltisch-germanischen Kultur, nach denen die Wochentage benannt sind:

- **Montag** = Mond
- **Dienstag** (französisch: mardi, englisch: Tuesday) = Mars bzw. Tyr
- **Mittwoch** (französisch: mercredi) = Merkur
- **Donnerstag** (französisch: jeudi) = Jupiter bzw. Donar/Thor
- **Freitag** (französisch: vendredi) = Venus bzw. Freyja
- **Samstag** (englisch: Saturday) = Saturn
- **Sonntag** = Sonne

Zusätzlich zu den Planetenkräften können Sie die passenden Düfte, Metalle, Farben und Edelsteine einsetzen, um die magischen Kräfte des Tages noch zu verstärken.

Montag – der Tag des Mondes

Der Montag steht unter der Herrschaft des Mondes, einer weiblichen Kraft, die von Mondgöttinnen wie Luna oder Selene verkörpert wird. Als mondregierter Tag ist er besonders günstig für Liebe, Versöhnung, Empfängnis, weibliche Fruchtbarkeit, Visionen und Seelenreisen.

- **Düfte:** Iris, Maiglöckchen, Myrrhe, Sandelholz
- **Metall:** Silber
- **Farben:** Silber und alle Wasserfarben
- **Edelsteine:** Amazonit, Aquamarin, Mondstein, Rauchquarz, Smaragd

Der »Tag des Mondes« ist ein überaus geeigneter Tag für Rituale der Liebe, der Versöhnung und der Reinigung. Auch Rituale, die eine Steigerung der Potenz und der weiblichen Fruchtbarkeit bewirken, sollten vorzugsweise an einem Montag durchgeführt werden.

Dienstag – der Tag des Mars

Der Dienstag steht unter der Herrschaft des Planten Mars, der seinen Namen dem römischen Kriegsgott verdankt. Auch Tyr, ein weiterer Namensgeber dieses Tages, ist ein Kriegsgott. Die Energie des Dienstags ist feurig, vorwärts gerichtet und vital. Selbst ihr zerstörerischer Aspekt kann positiv genutzt werden, beispielsweise wenn es darum geht, sich negativer Einflüsse zu entledigen und ungünstige Bedingungen unwirksam zu machen.

- **Düfte:** Aloe, Nelke, Zypresse
- **Metall:** Eisen
- **Farbe:** Rot
- **Edelsteine:** Amethyst, Bergkristall, Howlith, roter Jaspis, Rubin

Der Dienstag eignet sich besonders für Kraftrituale, Räucherungen, Reinigungen und Meditationen. Auch ist er ein guter Tag, um böse Verzauberungen und ungünstige Bedingungen unwirksam zu machen.

Mittwoch – der Tag des Merkur

Der Mittwoch steht unter dem Einfluss des listenreichen und redegewandten Gottes Merkur, des Beschützers der Händler und der Reisenden. Daher ist er ein guter Tag für Bezauberungen zur Eroberung eines Partners, für Geschäfte, Verträge, Gespräche, Bekenntnisse und Briefe.

- **Düfte:** Eisenkraut, Lavendel, Maiglöckchen, Zimt
- **Metall:** Silber, Quecksilber
- **Farben:** Violett, Blau
- **Edelsteine:** Aquamarin, Heliotrop, Labradorit, Sprudelstein, Sugalith

Der Mittwoch eignet sich für Kraftrituale, Räucherungen, Reinigungen und Meditation. Er ist auch ein guter Tag für Geschäfte, Vertragsunterzeichnungen, Gespräche und Diskussionen.

Donnerstag – der Tag des Jupiter

Der Donnerstag steht unter der Herrschaft des mächtigen Göttervaters Jupiter, dessen großzügige (joviale) Energie sich an diesem Tag besonders bemerkbar macht. Jupiter bringt Wohlstand, Zufriedenheit und Glück, verschafft Ehre und Anerkennung. Demjenigen, der sich ehrgeizige Ziele setzt, wird er seinen Beistand nicht verwehren.

- **Düfte:** Levkoje, Moschus, Muskat
- **Metall:** Zinn
- **Farben:** Grün
- **Edelsteine:** Amethyst, Mondstein, Saphir, Türkis

Der Donnerstag eignet sich besonders zur Ausführung von Erfolgsritualen, Beschwörungen für Glück, Zeugungskraft, Ehre, Vermögen, Wohlstand und gesundheitliches Wohlergehen.

Freitag – der Tag der Venus

Als Tag der römischen Liebesgöttin Venus beziehungsweise der germanischen Göttin Freyja, die ebenfalls für Liebe zuständig ist, war der Freitag einst der traditionelle Hochzeitstag. Venus ist aber nicht nur für die Liebe, sondern auch für Harmonie, Verständnis, Schönheit und Kunst zuständig. Sie hilft, Freundschaften zu schließen und schwierige Situationen mit Anmut und Charme zu meistern. Außerdem fördert sie schlummernde künstlerische Talente, die mit ihrer Unterstützung zum Ausdruck gebracht werden können.

- **Düfte:** Flieder, Myrte, Safran
- **Metall:** Kupfer
- **Farben:** Rosa, Rot
- **Edelstein:** Achat, Diamant, Karneol, Lapislazuli, Rosenquarz

Der Freitag eignet sich besonders gut für Liebesrituale und alles, was mit Liebe zu tun hat. Wählt man für diese Rituale auch noch die passenden Stunden, können sich langjährige und äußerst glückliche Partnerschaften ergeben. Auch Rituale für Schönheit, Romanzen, Glück und Reisen sind an diesem Wochentag energetisch begünstigt.

Samstag – der Tag des Saturn

Der Samstag steht unter der Herrschaft des Saturn, der auch als Zeitgeber des Lebens (Chronos) bezeichnet wird. Saturn wird als strenger Lehrer und Prüfer geachtet und gefürchtet. Daher werden seine Kräfte vor allem zur Bannung und zum Schutz angerufen.

- **Düfte:** Benzoe, Weihrauch
- **Metall:** Blei
- **Farben:** Indigo, Schwarz
- **Edelsteine:** Aquamarin, Aventurin, Citrin, Malachit, Saphir, schwarzer Turmalin

Der Samstag und die Einflüsse des Saturn sind besonders hilfreich, wenn es um das Durchkreuzen und Aufheben böser

Zauber und magischer Attacken geht. Aber auch Bannungs- und Schutzrituale sowie Trennungsrituale stehen an diesem Tag unter einem guten Stern. Auch für Reinigungs- und Schönheitsbäder ist der am Samstag vorherrschende energetische Einfluss sehr günstig.

Sonntag – der Tag der Sonne

Der Sonntag steht unter dem Einfluss der Sonne, welche wiederum das zeugende Urprinzip, die Schöpferkraft oder den »großen Vater« symbolisiert. Die Kraft der Sonne bringt Licht, Farbe, Wärme, Energie und Lebensfreude. Außerdem steht sie für das Selbst, die Mitte, das innere Zentrum und jene natürliche Autorität, die niemandem etwas beweisen muss.

- **Düfte:** Lavendel, Sonnenblume, Rose
- **Metall:** Gold
- **Farben:** Orange, Gelb, Gold
- **Edelsteine:** Diamant, Rubin, Goldtopas, Bernstein

Der Sonntag und von der Sonne regierte Stunden eignen sich bestens für Rituale und magische Praktiken mit dem Ziel, Freunde oder auch die Gunst hochgestellter Persönlichkeiten zu gewinnen beziehungsweise Wohlstand, Ruhm, Ehre und Ansehen zu erlangen. Auch Rituale für Gesundheit, Kraft und Schutz profitieren von der Energie dieses Tages.

Elementmeditationen

Diese Übungen sind dazu gedacht, Ihre Beziehung zu den vier Elementen zu vertiefen. Erspüren Sie die Elemente, aus denen alle Materie aufgebaut ist. Finden Sie heraus, was das Universum zusammenhält.

▶ Feuer

Besorgen Sie sich eine Tüte Teelichter (wenn Sie ein ganz intensives Erlebnis haben möchten, können Sie auch Votivkerzen verwenden) und begeben Sie sich an einen Ort, an dem Sie nicht gestört werden. Vielleicht wählen Sie für diese Übung einen Feuertag, also einen Tag, an dem der Mond im Widder, im Löwen oder im Schützen steht. Lassen Sie eine schöne beruhigende Musik laufen und verbrennen Sie eine passende Räucherung (vielleicht Rotsandelholz).

Setzen Sie sich auf den Boden und errichten Sie einen Kerzenkreis um sich herum. Zünden Sie die Kerzen an, setzen Sie sich vorsichtig in die Mitte des Kreises und schließen Sie die Augen. Eventuell spüren Sie schon jetzt eine ganz besondere Energie um sich herum. Atem Sie tief ein und aus, ganz langsam und vor allem achtsam.

Wenn Sie ganz ruhig sind, stellen Sie sich vor, dass Sie in einem Feuerkreis sitzen, aber nicht in einem Kreis aus Kerzen. Vielmehr stellen Sie sich vor, dass Sie auf Heu sitzen und dass um Sie herum alles in Flammen steht. Es ist die heilige Energie des Lebens, der Reinigung und der Erneuerung. Um Sie herum riecht es nach verbranntem Holz. Das Feuer kommt immer näher, und es wird immer heißer. Die Flammen ergreifen von Ihnen Besitz, Ihr ganzer Körper verwandelt sich in Feuer. Sie sind die heiße lodernde Energie und werden zur großen Feuergöttin Pele. Notus, der Schirmherr des Feuers, ist stets an Ihrer Seite.

Wenn Sie spüren, dass es genug ist, verwandeln Sie die Flammen in weißes Licht, das in den Himmel steigt. Sobald das Feuer umgewandelt ist, atmen Sie dreimal tief ein und aus, um sich ein wenig zu erden. Danken Sie Pele und Notus für diese wunderbare Erfahrung und machen Sie langsam die Augen wieder auf.

▶ Wasser

Diese Übung machen Sie in Ihrem Badezimmer, und zwar am besten an einem Wassertag, also an einem Tag, an dem der Mond im Krebs, im Skorpion oder in den Fischen steht. Lassen Sie ein Vollbad ein und geben Sie ein wenig Meersalz hinein. Wenn Sie ein Duftöl haben, das an eine Meeresbrise erinnert, dann geben Sie es in Ihre Duftlampe und stellen diese ins Bad. Spielen Sie dazu eine mystische, vielleicht etwas tiefgründigere Meditationsmusik. Lassen Sie sich in die Wanne gleiten und spüren Sie die heilige Flüssigkeit auf Ihrer Haut. Genießen Sie diesen friedlichen Augenblick. Schließen Sie dann die Augen und atmen Sie dreimal tief ein und aus, bis Sie ganz ruhig sind.

Führen Sie sich nun das Wasser um sich herum vor Augen. Es ist kein »einfaches« Badewasser mehr, sondern das Wasser aus einer heiligen Quelle, von der Hand der Göttin gesegnet. Sie liegen nicht mehr in Ihrer Badewanne, sondern in einem See. Es ist der heilige, geweihte See der großen Göttin, und sie selbst ist das Wasser. Sie ist die Spenderin des Lebens. Spüren Sie, wie das heilige Wasser Besitz von Ihrem Körper ergreift und Sie selbst ganz langsam zu Wasser werden. Sie werden eins mit der großen Göttin. Sie werden zur großen Göttin. Nun sind Sie vollkommen von Wasser umgeben, irgendwo tief im Ozean. Wohin Sie schauen, ist Wasser, das von einzelnen Lichtstrahlen durchdrungen wird.

Es liegt nun ganz bei Ihnen, in was Sie sich verwandeln möchten, denn Sie sind das Wasser der großen Göttin, aus dem alles Leben hervorgegangen ist. Wenn Sie gern ein Fisch wären, verwandeln Sie sich in einen Fisch. Spüren Sie die Leichtigkeit. Spüren Sie, wie das Wasser Sie trägt. Genießen Sie dieses Gefühl der Freiheit. Wenn Sie lieber eine Meerjungfrau sein möchten, können Sie sich auch in eine Meerjungfrau verwandeln und filigran, voller Leichtigkeit und Schönheit durch den unendlichen Ozean gleiten. Spüren Sie die Leben spendende Kraft der großen Göttin und wie Cephyrus, der Schirmherr des Wassers, stets an Ihrer Seite wandelt.

Sobald Sie zurückkehren möchten, verwandeln Sie das gesamte Wasser in Licht, das Sie dann in den Himmel aufsteigen lassen. Verwandeln Sie sich zurück und atmen Sie dreimal tief ein und aus, bevor Sie die Augen wieder öffnen. Vergessen Sie nicht, der Göttin und Cephyrus für diese Erfahrung zu danken.

▶ Erde

Für diese Übung begeben Sie sich nach draußen in die Natur. Am besten geeignet wäre ein Platz im Wald, wo Sie Ihre Ruhe haben. Machen Sie die Übung an einem Erdtag, also an einem Tag, an dem der Mond im Sternzeichen Stier, Jungfrau oder Steinbock steht. Vogelgezwitscher und das Rauschen der Bäume sind die ideale Geräuschkulisse.

Setzen oder stellen Sie sich auf den Waldboden. Schließen Sie die Augen und atmen Sie tief ein und aus. Nehmen Sie den süßen Duft der Natur und des Lebens in sich auf. Berühren Sie die Erde mit den Händen und rufen Sie sich die fruchtbare Kraft der Walderde in Erinnerung. In dieser Erde steckt die Kraft der Göttin, die alles Leben um Sie herum geschaffen hat. Stellen Sie sich vor, wie Sie langsam in die Erde sinken. Sie ist warm und weich und gibt Ihnen ein Gefühl der Geborgenheit. Bald sind Sie vollkommen von Erde umgeben. Nun stellen Sie sich vor, dass Sie sich in ein Samenkorn verwandeln und kleine Wurzelstränge ausbilden, welche die Kraft der Göttin aus der Erde in sich einsaugen. Durch diese Kraft wachsen Sie und werden allmählich zu einer Pflanze. Welche Pflanze sie sein wollen, bleibt ganz Ihnen überlassen. Sie können sich in alles verwandeln, was Ihnen lieb ist, vom Gänseblümchen bis hin zur mächtigen Eiche. Nun schaut Ihr kleines empfindsames Köpfchen mit einer Knospe aus der Erde, doch Sie werden auch weiterhin von der Göttin gewärmt und mit Energie versorgt, sodass Sie immer weiter wachsen und groß und kräftig werden können. Wenn Sie eine Blume sind, bilden Sie wunderschöne Blüten aus, die herrlich duften. Sollten Sie ein Baum geworden sein, entwickeln sich Ihre Blüten auch noch zu prächtigen, saftigen Früchten. So können Sie fortfahren, bis Sie schließlich verwelken und wieder in die warme, weiche Erde zurückkehren.

Dann verwandeln Sie die Erde um sich herum in weißes Licht, schicken dieses in den Himmel und kehren auf den Waldboden zurück. Anschließend atmen Sie dreimal tief ein und aus, danken der Göttin und machen die Augen wieder auf.

▶ Luft

Wählen Sie für diese Übung einen Lufttag, also einen Tag, an dem der Mond in einem Luftzeichen wie den Zwillingen, der Waage oder dem Wassermann steht, und begeben Sie sich am besten auf einen Felsvorsprung oder an einen Strand. Sollte Ihnen beides nicht zur Verfügung stehen, können Sie sich auch vor das geöffnete Fenster oder auf den Balkon stellen und eine erfrischende Räucherung entzünden. Als Musik würden sich Windgeräusche und Vogelgezwitscher eignen (es gibt spezielle Meditations-CDs mit den Stimmen der Natur).

Stellen Sie sich in den Wind und atmen Sie tief ein und aus, um ganz ruhig zu werden. Spüren Sie den Wind um sich herum. Wenn es nicht zu kalt ist, ziehen Sie sich vielleicht etwas Kurzärmliges an, damit Sie den Wind auch auf Ihren Armen spüren. Atmen Sie die Leben spendende Kraft der Luft tief ein und aus und nehmen Sie dabei wahr, wie Sie immer leichter werden. Langsam entweicht alles Schwere aus Ihrem Körper und Sie selbst werden der Luft immer ähnlicher. Trauen Sie sich abzuheben und genießen Sie das Gefühl der vollkommenen Freiheit. Spüren Sie, wie Euros, der Schirmherr der Luft, um Sie herumflattert und stets an ihrer Seite ist.

Nun verwandeln Sie sich in ein Wesen Ihrer Wahl, vielleicht in einen starken Adler, einen Falken, eine kleine Taube oder einen Spatz. Sie können sich aber auch einfach in eine Feder oder in das Blatt eines Baumes verwandeln und vom Wind durch die Luft tragen lassen.

Wenn Sie zurückkehren möchten, verwandeln Sie den Wind in weißes Licht und schicken dieses in den Himmel. Dann landen Sie wieder auf Ihrem Balkon und verwandeln sich zurück. Um sich zu erden, atmen Sie dreimal ein und aus. Dann danken Sie Euros und der Göttin und machen die Augen wieder auf.

Vorbereitung und Durchführung der ersten magischen Rituale

Die Vorbereitung

Einstimmen

Nehmen Sie sich viel Zeit für die Vorbereitung eines magischen Rituals. Mit Vorbereitung meine ich nicht nur das Besorgen der notwendigen Zutaten, sondern auch die physische und mentale Einstimmung auf das magische Tun. Überlegen Sie sich ganz genau, was Sie mit Ihrem Ritual bezwecken beziehungsweise in Ihrem Leben zum Positiven wenden wollen. Ziehen Sie sich in einen ruhigen Raum oder eine gemütliche Ecke zurück und lassen Sie sich durch nichts ablenken. Widmen Sie Ihre ganze Aufmerksamkeit diesem Augenblick, damit Sie möglichst viele positive Energien des Kosmos nutzen können.

Geduld üben

Jetzt kommt der wirklich schwere Teil des Ganzen, denn nun müssen Sie sich Zeit geben und warten. Sich in Geduld zu üben, ist etwas, das den meisten Menschen nicht gerade leicht fällt. Die gröbsten Fehler werden in der Regel gemacht, weil wir viel zu ungeduldig sind, nicht warten können und zu wenig Zeit investieren wollen. Verlieren Sie also nicht den Mut, wenn nicht gleich auf Anhieb alles so eintrifft, wie Sie es sich vorgestellt beziehungsweise erhofft haben. Sie werden in Ihrem Leben noch oft vor heikle Aufgaben und schwierige Situationen gestellt werden. Beherzigen also meinen Rat. Sicher, das ist leichter gesagt als getan. Aber mit etwas Übung in Geduld werden Ihnen schon bald nicht nur die magischen Rituale leichter fallen und besser gelingen, sondern Sie werden auch einen kräftigen Schub für eine erfolgreichere und glücklichere Lebensgestaltung bekommen.

Kräfte mobilisieren

Wenn Sie erst gelernt haben, sich in Geduld zu üben, werden Sie sich auch besser auf Ihre inneren Kräfte besinnen und Energien mit dem Kosmos austauschen können. Dies ist eine wichtige Voraussetzung für die Wirksamkeit von Ritualen, aber auch für die erfolgreiche Meisterung des Lebens überhaupt. Vergessen Sie dabei niemals, dass die Dinge in den meisten Fällen nicht so sind, wie sie im ersten Augenblick erscheinen. Energien stecken in jedem von uns, wir müssen sie nur mobilisieren.

Werden Sie sich Ihrer eigenen Kräfte bewusst und arbeiten Sie mit ihnen. Manchmal erwachen diese Energien sogar ganz ohne unser Zutun, weil unser Körper oder unsere Seele sich daran erinnert, wie gut uns manche Dinge tun und wie dringend wir sie benötigen. Erinnern Sie sich noch, was passierte, als Sie das letzte Mal einen Sonntagsspaziergang gemacht haben, oder warum Sie Ihre letzte Urlaubsreise gebucht haben?

Eine Meditationsecke einrichten

Die folgenden Tipps sollen Ihnen helfen, auch im Alltag ohne großen Aufwand Energien zu mobilisieren und in die richtigen Bahnen zu lenken.

- Richten Sie sich in Ihrer Wohnung eine Meditationsecke ein. Es soll ein Ort der Ruhe sein, ein Ort, an dem Sie tief durchatmen können und wo Sie in »stürmischen Zeiten« Geborgenheit finden.
- Wählen Sie am besten einen Platz in westlicher Himmelsrichtung und gestalten Sie diesen ganz nach Ihrem Geschmack und Ihren Bedürfnissen.
- Suchen Sie sich ein paar schöne weiße Kerzen aus und wählen Sie eine passende Wohlfühlräucherung oder ein ätherisches Duftöl für Ihre Aromalampe. Natürlich können Sie auch herkömmliche Räucherstäbchen verwenden. Das richtet sich ganz nach Ihren persönlichen Vorlieben.
- Stellen oder legen Sie ein paar persönliche Dinge in Ihre Meditationsecke, die symbolisch für Ihre Wünsche stehen oder einfach für das, was Ihnen im Leben wichtig ist. Wenn Sie in Ihren Alltagssorgen zu ersticken drohen, wird es Ihnen sicher helfen zu sehen, dass es noch ein paar andere Dinge gibt, für die zu kämpfen oder auf die zu hoffen sich lohnt.
- Zünden Sie ruhig auch mal eine Kerze des Dankes an, wenn es Ihnen gerade besonders gut geht. Seien Sie dankbar dafür, dass es Ihnen im Moment so gut geht. Dann werden Sie nicht nur einiges mehr schätzen lernen, sondern auch den einen oder anderen Misserfolg besser verkraften können.

Im Laufe meines Lebens habe ich schon sehr viele Meditationsecken gesehen. Jede war anders gestaltet und hatte ihre eigene Geschichte zu erzählen. Welche Geschichte wird Ihre Meditationsecke wohl zu erzählen haben?

Eine Kraftpyramide bauen

Für diejenigen unter Ihnen, denen eine kleine Ecke zur Meditation nicht reicht, habe ich noch einen zweiten Vorschlag: Bauen Sie sich eine persönliche Kraftpyramide.

- Besorgen Sie sich im Baumarkt acht Bambusstäbe, je einen bis anderthalb Meter lang.
- Legen Sie vier Bambusstäbe im Quadrat auf den Boden und befestigen Sie diese mit Wolle, Bast oder Schnur aneinander.
- Stellen Sie die übrigen vier Bambusstäbe wie eine Pyramide auf und verknoten Sie deren Spitzen ebenfalls mit Wolle, Bast oder Schnur. Achten Sie darauf, dass die Knoten fest sind und Ihre Kraftpyramide einen sicheren Stand hat.

Die ersten Rituale

▶ Die Einweihung der Kraftpyramide

Nun können Sie Ihre persönliche Kraftpyramide einweihen, damit sie Ihnen später als Ort der Ruhe und zum Krafttanken zur Verfügung steht.

- Nehmen Sie einen Haselnusszweig und zeichnen Sie symbolisch einen Kreis um die Pyramide.
- Füllen Sie in einen Kelch mit etwas Wasser und stellen Sie einen Räucherkessel mit glühender Räucherkohle bereit.
- Geben Sie etwas Salbei (oder Sandelholz) auf die Räucherkohle und sprechen Sie dabei die magischen Worte:

Gereinigt seist du,
gereinigt bist du!
Freude soll einkehren
und Freude soll bleiben!
Im Namen des Lichtes!
Im Namen der Göttin!
Im Namen des Gottes!

- Nehmen Sie einen kräftigen Schluck Wasser aus dem Kelch und stellen Sie dann den Räucherkessel mit der Räucherung in die Pyramide. Räuchern Sie diese etwa zehn bis zwanzig Minuten kräftig durch und öffnen Sie anschließend das Fenster, um den Rauch abziehen zu lassen.
- Nun ist die Kraftpyramide gereinigt und aufgeladen.

▶ Die Energie der Kraftpyramide nutzen

Nutzen Sie die Kraft der Pyramide, um sich mit frischer Energie aufzuladen. Dies kann nach einem arbeitsintensiven und stressigen Tag, aber auch vor der Durchführung eines Rituals sinnvoll sein.

- Setzen Sie sich im Schneidersitz, den Blick nach Osten gerichtet, in die Mitte der Pyramide und schließen Sie die Augen.
- Visualisieren Sie, wie ein weißes Licht von oben in die Spitzen der Pyramide einfließt und Sie vollkommen einhüllt.
- Stellen Sie sich nun vor, dass nichts und niemand durch diesen Panzer zu Ihnen vordringen kann. Die ganze Energie dieses reinen weißen Lichts wird über die Kraftpyramide in Ihren Körper geleitet und verleiht Ihnen Stärke, Mut und Kraft.
- Verharren Sie 20 bis 30 Minuten lang in dieser Position.
- Ab sofort können Sie sämtliche Utensilien, die Ihnen wichtig sind, zur positiven Aufladung in die Pyramide setzen.

▶ Reinigungsritual

Niedergeschlagenheit und körperliche Erschöpfung können viele Gründe haben. Vielleicht sind Sie niedergeschlagen, weil Sie Liebeskummer haben oder weil die Alltagssorgen Sie regelrecht zu erdrücken scheinen. In jedem Fall schwächen solche kräftezehrenden Schwingungen das innere Kräftepotenzial enorm. Negative Schwingungen können sich überall einnisten: in heimischen Räumen ebenso wie am Arbeitsplatz. Doch glücklicherweise können sie durch rituelle Räucherung gänzlich beseitigt und in eine positive Atmosphäre umgewandelt werden. Wenden

Sie das folgende Reinigungsritual vor diesem Hintergrund an und räuchern Sie Ihre Wohnung oder Ihr Büro – sofern Ihnen dies möglich ist.

SIE BENÖTIGEN: *etwas Weihrauch*
Räucherkohle
eine Räucherschale
eine Flasche Apfelessig

- Entzünden Sie die Räucherkohle in einer tragbaren Räucherschale und warten Sie, bis sie ganz durchgeglüht ist.
- Legen Sie den Weihrauch darauf und sprechen Sie folgende Worte:

Böser Geist, verwehe! Hebe dich hinweg!
Guter Geist, trete ein! Nimm alles Böse mit!
Schütze mich vor Unheil, Angst und Not!

- Nehmen Sie anschließend ein Essigbad, um die reinigende Wirkung des Räucherns noch zu verstärken. Sagen Sie, während Sie in der Wanne sitzen, mehrmals laut und deutlich:

Alle Wesen, die ich nicht gerufen habe
und die nicht zu mir gehören,
heben sich für immer hinweg!

- Die besten Zeiten für dieses Ritual (angegeben in Winterzeit) sind:

Sonntag:	21.00 Uhr
Montag:	18.00 Uhr
Dienstag:	22.00 Uhr
Mittwoch:	19.00 Uhr
Donnerstag:	23.00 Uhr
Freitag:	20.00 Uhr
Samstag:	24.00 Uhr

Hierbei handelt es sich jeweils um die Venusstunde. Wenn Sie das Ritual an Tagen durchführen möchten, für die Sommerzeit gilt – was sicherlich der Fall sein wird –, addieren Sie jeweils eine Stunde zu den angegeben Zeiten.

▶ Kraft tanken

Mit diesem Ritual regen Sie Ihren ganzen Körper positiv an.

SIE BRAUCHEN: *zwei weiße Kerzen*
eine frische rote Rose
eine Duftlampe
Rosenöl

- Stellen Sie die beiden weiße Kerzen und die frische rote Rose, die Sie durch Berührung mit Ihrer persönlichen Energie aufgeladen haben, auf Ihren Altar oder einen anderen Tisch. Geben Sie einige Tropfen Rosenöl in die Duftlampe und zünden Sie dann die Kerzen an.
- Legen Sie sich in lockerer Kleidung auf eine Liege. Schließen Sie die Augen und entspannen Sie sich. Nun stellen Sie sich vor, wie Sie einen Trichter auf Ihren Kopf setzen und wie goldene Energie als kraftvolles Licht ganz langsam aus diesem Trichter in Ihren Kopf fließt und sich bis in Ihre Schultern hinein ausbreitet.
- Spüren Sie, wie dieses heilende Licht langsam durch Ihre Oberarme bis zu den Ellenbogen fließt und dann weiter in die Unterarme bis in jeden einzelnen Finger.
- Nun breitet sich das goldene Licht in Ihrem Brustkorb aus. Es fließt in Ihr Herz und sorgt dafür, dass der Herzschlag sanft und regelmäßig wird.
- Das goldene Licht fließt weiter in Ihren Bauch, wo es die Organe sanft und wohltuend umschmiegt, und gleitet von dort aus immer tiefer, bis hinab in die Fußsohlen.
- Jetzt ist Ihr ganzer Körper ausgefüllt von diesem wohltuenden goldenen Licht, das alle negativen Energien auflöst und Ihnen tiefe innere Ruhe schenkt.
- Verweilen Sie mindestens zehn Minuten lang in dieser entspannenden Haltung.
- Die besten Zeiten für diese Kraftaufladung sind (Angaben in Winterzeit):

Sonntag:	8.00 Uhr, 15.00 Uhr, 22.00 Uhr
Montag:	2.00 Uhr, 19.00 Uhr
Dienstag:	9.00 Uhr, 16.00 Uhr, 23.00 Uhr
Mittwoch:	6.00 Uhr, 13.00 Uhr, 20.00 Uhr
Donnerstag:	10.00 Uhr, 15.00 Uhr, 21.00 Uhr
Freitag:	7.00 Uhr, 14.00 Uhr, 21.00 Uhr
Samstag:	11.00 Uhr, 18.00 Uhr

Die Magie der Öle und Räucherungen

Wohlriechende Öle und Duftstoffe sind seit Urzeiten als Träger magischer Kräfte bekannt. Im Altertum wurden sie sogar als Atem der Götter bezeichnet. Man glaubte, dass ihr edles Aroma die meist übel riechenden bösen Geister vertreibt oder zumindest von den Menschen fern hält. Im Laufe der Zeit erkannte man nicht nur, dass Düfte einen entscheidenden Einfluss auf unsere Gefühle und unser Wohlbefinden haben, sondern auch, dass viele aromatische Ingredienzien als Aphrodisiaka wirken.

Kein Wunder also, dass Düfte schon seit dem Altertum für die Körperpflege ebenso eingesetzt wurden wie in Zauber- und Reinigungsritualen. Sie sollen Gesundheit, Glück und Wohlstand herbeiziehen und Schutz vor Geistern, Dämonen, Flüchen und Beschwörungen bieten. Sie können hilfreich sein, wenn es darum geht, Liebe zu erringen, eine bestehende Liebe zu vertiefen, sich Klarheit über Gefühle zu verschaffen oder die geistige Innenschau zu erweitern.

Duftöle entfalten ihre Wirkung am besten, wenn man sie auf die Haut oder auf magische Gegenstände aufträgt. Setzen Sie Ihr kostbares Öl jedoch immer nach dem Motto »Weniger ist mehr« ein. Eine höhere Dosis verstärkt seine Wirkung nämlich keineswegs und kann sie sogar zunichte machen. Ein Beispiel: Ihr Partner wird Sie wahrscheinlich nicht unbedingt erotisch anziehender finden, wenn Sie jede Stelle Ihres Körpers mit einem intensiv riechenden Öl eingerieben haben.

Bewährte Ölmischungen

Im Laufe der Zeit habe ich erkannt, dass manche Öle bei immer wiederkehrenden Problemen besonders gut helfen. Einige dieser Mischungen habe ich sogar selbst entwickelt.

- **Für die Liebe:** Adam and Eve, Come to me, Cleopatra, Musk, Venus
- **Für Geld:** Money Drawing
- **Für Erfolg:** Success
- **Für gute Geschäfte:** Better Business
- **Für Heilung und Gesundheit:** Healing
- **Für den Einsatz in Ritualen:** Abremalin, Black Art, Doves Blood, Dragons Blood, Forget him, Forget her, Hypnotic
- **Für Schutz:** Angel, Protection

Diese magischen Ölmischungen erhalten Sie in ausgesuchten Esoterikläden beziehungsweise Hexenshops oder im Versandhandel.

Wenn Sie gerade keine der bewährten Ölmischungen zur Hand haben, können Sie für Ihre magischen Praktiken auch auf ätherische Öle zurückgreifen, die Sie in Drogerien, Apotheken und Reformhäusern erhalten.

Meiner Erfahrung nach entfalten die folgenden Öle eine besondere Wirkung in Ritualen für Liebe, Glück und Gesundheit:

- **Ängste, Mutlosigkeit:** Angelika, Bergamotte, Lavendel, Melisse, Thymian
- **Energie:** Fichtennadel, Geranium, Kalmus, Krauseminze
- **Liebesglück:** Bohnenkraut, Jasmin, Ylang-Ylang, Rosenöl, Rosmarin
- **Nervosität:** Anis, Baldrian, Eisenkraut, Hyazinthe, Rosmarin
- **Schlaflosigkeit:** Basilikum, Dill, Kamille, Lavendel, Rose
- **Meditation:** Myrrhe, Orange, Patchouli, Sandelholz, Schafgarbe, Ylang-Ylang, Weihrauch

Verführerische Öle, selbst hergestellt

Nehmen Sie sich viel Zeit und denken Sie an Ihren Partner, wenn Sie die folgenden Mischungen herstellen. Sie wirken garantiert!

▶ Evas Atem – ein hochgradig verführerisches Parfümöl

Sie brauchen: *250 ccm hochwertigen Alkohol, geruchsfrei und denaturiert*
40 Tropfen Orangenblütenöl
17 Tropfen Zitronenöl
7 Tropfen Bergamotteöl
7 Tropfen Rosmarinöl

Mischen Sie die Zutaten unter ständigem Rühren. Füllen Sie das Gemisch in eine dunkle Glasflasche und lassen Sie diese eine Woche lang sorgfältig verschlossen an einem möglichst dunklen und kühlen Ort stehen. Nach einer Woche füllen Sie die Mixtur in kleinere Glasflaschen um. Parfum ist in einem Zerstäuber übrigens langfristig besser aufgehoben als in einem Flacon mit Schraubverschluss, da die Luftzufuhr im Zerstäuber geringer ist, und Luft lässt den Duft irgendwann »umkippen«.

▶ Schmuseöl

Sie brauchen: *125 ccm Olivenöl, beste Qualität*
30 ccm Mandelöl

Vermengen Sie die Öle, indem Sie sie zusammenschütten und zehn Minuten lang rühren. Füllen Sie die Mischung anschließend in eine dunkle Glasflasche und lassen Sie diese eine Woche lang bei Zimmertemperatur stehen. Tragen Sie das fertige Öl nach jedem Vollbad sparsam und mit kreisenden Bewegungen auf Ihre Haut auf.

▶ Come-to-me-Parfümöl – ein orientalisches Zaubermittel

Sie brauchen: *5 ml Zitronenöl*
5 ml Patchouliöl
sechs Teile hochwertiger Alkohol, geruchsfrei
ein Blatt Gartenrauke (Rucola)

Geben Sie die Mischung aus Zitronenöl, Patchouliöl und sechs Teilen Alkohol zusammen mit einem Blatt Gartenrauke in eine dunkle Glasflasche und lassen Sie diese eine Woche lang gut verschlossen an einem dunklen, kühlen Ort stehen. Füllen Sie das Parfumöl anschließend in kleinere Flaschen um. Es wird – richtig eingesetzt – wahre Wunder wirken.

Räucherwerk zur inneren Läuterung

Das Räuchern mit wohlriechenden Beigaben ist mindestens ebenso alt wie der rituelle Umgang mit Duftölen und wird traditionell bei bestimmten Gelegenheiten und zu bestimmten Zwecken durchgeführt. Hier ist an erster Stelle die Reinigung der Atmosphäre in Innenräumen zu nennen, dann aber auch das Ende eines alten und der Beginn eines neuen Lebensabschnitts (nach einer Heilung oder einer Trennung zum Beispiel). Hier erfüllt die Räucherung eine ähnliche Funktion wie das Verbrennen von Dingen, die sich überlebt haben und nicht in das neue Leben mitgenommen werden sollen. Durch eine Räucherung können wir aber auch innere Läuterung erfahren, Abstand zu uns selbst gewinnen, Spannungen auflösen, negativen Zauber abwehren und unser inneres Gleichgewicht wiederherstellen. Und schließlich erfüllt der aufsteigende Rauch noch eine wichtige Funktion: Er verbindet sich mit unseren Gedanken, Wünschen und Hoffnungen, aber auch mit unserem Dank und trägt all das in himmlische Gefilde, zu unseren geistigen Helfern.

Räucherrituale können mit Räucherkerzen, Räucherstäbchen, Harzen, getrockneten Pflanzenteilen oder speziellen, fertig gekauften Räuchermischungen durchgeführt werden. Während man zum Verbrennen von Räucherstäbchen und Räucherkerzen lediglich einen entsprechenden Halter beziehungsweise eine feuerfeste Unterlage braucht, werden für Räucherungen mit Harzen, getrockneten Pflanzenteilen und Räuchermischungen noch ein paar andere Utensilien benötigt:

- ein Räuchergefäß aus Metall oder feuerfester Keramik
- Kohle (am besten sich selbst entzündende Kohletabletten)
- Sand (zum Beispiel Vogelsand aus der Zoohandlung)
- eventuell einen Räucherlöffel zum Auflegen des Räucherguts

Der Sand wird in das Räuchergefäß gefüllt, weil er zum einen die Temperatur der glühenden Kohle (ca. 200 Grad Celsius) dämpft und zum anderen die Reinigung des Gefäßes erleichtert. Die Kohletabletten haben eine entsprechend vorbereitete Oberfläche, auf die man die Räuchermischung bequem mit den Fingern oder dem Räucherlöffel auflegen kann. Das sollte man allerdings erst tun, wenn die Kohle richtig durchgeglüht ist. Räuchergefäße, Räucherlöffel und Kohletabletten sind sowohl im esoterischen Fachhandel erhältlich als auch in christlichen Devotionaliengeschäften.

Je nach Ziel Ihres Räucherrituals empfehle ich Ihnen folgende Räuchermischungen. Sie sind in speziellen Esoterikläden, Hexenshops oder im Versandhandel erhältlich. Wenn Sie dort nicht fündig werden sollten, informieren Sie sich über das Internet.

- **FÜR DIE LIEBE:** Adam and Eve, Attraction, Cleopatra, Come to me, Fire of Love

- **Für die Finanzen:** Wealthy Way
- **Für die Gesundheit:** Healing
- **Zum Schutz oder als »Schutzengel«:** Angel

Sie können die Räuchermischungen, die Sie in Ihrer Räucherschale verbrennen, aber auch ganz einfach selbst herstellen, zum Beispiel diese:

▶ Anregende, erotische Duftmischung

Sie brauchen:	*3 g Weihrauch*
	5 g Myrrhe
	3 Blätter Patchouli

Vermischen Sie die Zutaten vorsichtig miteinander und achten Sie darauf, dass die Blätter möglichst nicht beschädigt werden.

Das Hexenjahr

Der Verlauf des Jahres ist für eine Hexe sehr bedeutsam, denn jedes Jahr steht für einen einzelnen Kreislauf von Leben und Sterben, in dem sich das Gesicht der großen Göttin ganz besonders deutlich zeigt. Es ist sehr wichtig, dass sich eine angehende Hexe mit dem Jahreslauf auseinander setzt und die Energien der unterschiedlichen Jahreszeiten erfühlen lernt, denn dadurch versteht sie den Kreislauf des Lebens. Dieses Verständnis wird ihre Spiritualität und ihre Intuition um ein Vielfaches vertiefen und sie der Göttin näher bringen.

Der Frühling

Im Frühling kann man die zauberhaften Kräfte der Natur ganz besonders intensiv wahrnehmen. Alles erwacht nach dem Winter wieder zum Leben und die Kräfte »tauen« auf. Deshalb eignet sich diese Jahreszeit ganz besonders gut für Neuanfänge aller Art. Wir fühlen uns wieder kraftvoll und sind bereit, zu neuen Ufern aufzubrechen. Es ist eine wunderbare Zeit für Freudenfeste, denn »Frühlingsgefühle« machen uns alle ein wenig euphorisch und zaubern ein Lächeln auf viele Gesichter. Gerade jetzt sollte man sich ganz besonders häufig im Wald aufhalten, um dieses magische Erwachen mitzuerleben.

März

Der März wird manchmal noch eher zu den Wintermonaten gerechnet, da es zu dieser Zeit häufig noch sehr kalt und frostig ist. Auf der anderen Seite hält er schon die ersten kleinen Überraschungen in Form von Knospen und kleinen grünen Blättern für uns bereit. Nun können Sie anfangen, die kalte Jahreszeit hinter sich zu lassen, am besten mit einer inneren Reinigung. Schluss mit dem Winterspeck! Essen Sie mehr Obst und Gemüse und trinken Sie Wasser und fruchtige Säfte, statt Kaffee und schwarzem Tee. Jetzt taut alles auf und wird wieder beweglicher. Das gilt auch für Sie.

Hexenfeiertage im März

1. MÄRZ: *Fest der römischen Göttin Juno*

Ein geeigneter Tag für ein Liebesritual. Juno ist die Göttin der Fortpflanzung. Sie ist für alles von der Hochzeit bis zur Geburt des gemeinsamen Kindes zuständig.

5. MÄRZ: *Fest der ägyptischen Göttin Isis*

Isis ist eine der größten ägyptischen Göttinnen. Die Tochter der Nut ist warmherzig und schön. Sie wacht über das Wohl der Familien und der Liebenden, gilt aber auch als Erfinderin des Segels und wird an Meeresküsten, Flüssen und Seen verehrt.

9. MÄRZ: *Fest der griechischen Göttin Aphrodite*

Aphrodite ist die große Liebesgöttin. Sie soll dem Schaum des Meerwassers entstiegen sein. Alles, was mit dem Meer zusammenhängt, wird mit ihr in Verbindung gebracht. Darum gelten Speisen aus dem Meer auch häufig als Aphrodisiakum.

15. MÄRZ: *Fest der Göttin Kybele*
Kybele, eine ursprünglich phrygische Göttin, ist eine der großen Urmütter, die in der Antike sowohl in Griechenland als auch später von den Römern verehrt wurde, sogar von den Christen. Man glaubte, dass sie die Natur jedes Jahr zu neuem Leben erweckt.

17. MÄRZ: *Fest der römischen Göttin Liberia*
Sie ist die Göttin der Bauern und der erwachenden Natur. Sobald die ersten Pflänzchen aus dem Boden schauen, wird ihr zu Ehren dieses Fest gefeiert, damit die Erde schnell zu grünen beginnt.

21. MÄRZ: *Fest der Göttin Ostara (Frühlingstagundnachtgleiche)*
Ostara ist die germanische Frühlingsgöttin. Das ihr gewidmete Fest, von dessen Namen man im 6. Jahrhundert die Bezeichnung für das christliche Ostern ableitete, wird gefeiert, wenn Tag und Nacht gleich lang sind. Der Winter hat zwar immer noch Kraft, aber der Frühling schickt bereits seine ersten Boten, und man bittet um Fruchtbarkeit und Lebenskraft. Lassen Sie sich auch von schlechtem Wetter nicht abhalten, dieses Fest im Freien zu feiern, denn die wundersamen Energien des erwachenden Lebens kann man nur in der Natur richtig wahrnehmen.

25. MÄRZ: *Fest der slawischen Göttin Mati*
Mati ist die Göttin der Erde, die in den slawischen Ländern als besonders heilig gilt. Die Erde darf erst ab dem 25. März wieder bearbeitet werden. Das heißt, die Zeit der Feldarbeit beginnt mit diesem Fest zu Ehren der wiedergeborenen Natur.

31. MÄRZ: *Fest der großen römischen Göttin Luna*
Luna ist die Mondgöttin, die über Schlafwandler und Mondsüchtige wacht. Feiern Sie die Kraft der Mondenergie mit Freunden am Lagerfeuer. Dann wird Luna Ihnen das ganze Jahr über zur Seite stehen, wenn Sie sie um Beistand bitten.

April

Nun stehen wir ganz offiziell auf der Schwelle zum Frühling. Die ersten Knospen sind bereits aufgegangen, und die Maiglöckchen und Krokusse lächeln aus der noch kühlen Erde zu uns auf. Der Frühling ist schon fast in vollem Gange. Doch wie in jeder Umbruchzeit herrscht zunächst das Chaos. Das Wetter macht, was es will, und wir können uns auf nichts richtig einstellen. Nun müssen wir beginnen, das Chaos im Garten zu beseitigen und alles auf den Sommer vorzubereiten. Und es ist Zeit für einen gründlichen Frühjahrsputz im Haus oder in der Wohnung. Weg mit dem alten Plunder! Bringen Sie neue Frische in Ihr Zuhause, vielleicht indem Sie etwas umdekorieren und Ihr Haus mit Wasser reinigen, dem Sie Apfelessig oder Zitrone zugefügt haben. Obwohl der April manchmal noch sehr grau und trist ist, lebt die Sehnsucht nach dem bunten, duftigen Sommer schon lange in uns. Sorgen Sie also für viele Lichtquellen in Ihrem Zuhause, indem Sie Duftlampen und Duftkerzen aufstellen. Schmücken Sie Ihren Altar mit schönen Blumen, um den Sommer willkommen zu heißen.

Hexenfeiertage im April

15. April: *Fest der römischen Göttin Tellus Mater*
Tellus Mater ist die römische Erdmutter. Alles Leben kommt aus ihr und kehrt wieder zu ihr zurück. Es war Brauch, ihr eine trächtige Kuh zu opfern, um sie gnädig zu stimmen.

19. April: *Fest der römischen Göttin Ceres*
Auch Ceres ist eine Erdgöttin der Römer. Doch während Tellus Mater die Erde selbst darstellt, steht die Göttin Ceres für die Kraft und die Energie, aus der die Pflanzen zum Leben erwachen.

22. April: *Fest der babylonischen Göttin Ishtar*
Ishtar war bei den Babyloniern die Göttin der Liebe. Sie steht für Fruchtbarkeit, für den Kreislauf des Lebens und – als Tochter des Mondgottes Nanna – für den Mond.

28. April: *Fest der römischen Göttin Flora*
Wie ihr Name bereits vermuten lässt, ist Flora die Göttin des Frühlings und der Blüten. Darüber hinaus ist sie die Beschützerin der körperlichen Liebe und der Prostituierten. Ihr zu Ehren wurde in Rom Ende April stets ein ausgelassenes Fest gefeiert.

30. April/1. Mai: *Beltane (Walpurgisnacht)*
Das wohl berühmteste Fest der Hexen wird in der Nacht zum 1. Mai gefeiert. Es ist das Fest der Fruchtbarkeit und der Liebe, der mystischen Vereinigung des Männlichen mit dem Weiblichen, das große Hochzeitsfest der Göttin Aradia und des Gottes Karnayna. Diese Hochzeit versinnbildlicht auch den herannahenden Frühling, der den Winter endgültig bezwingen wird.

Mai

Genießen Sie den Frühling in vollen Zügen. Nun ist die Zeit gekommen, in der viele Pflanzen bereits in voller Blüte stehen. Die Kirschbäume strahlen herrlich weiß und rosa, die Wiesen sind mit Löwenzahn übersät. Es ist noch nicht richtig warm, aber wir genießen bereits die ersten wirklich warmen, sonnigen Tage des Jahres.

Wenn Sie Lust haben, können Sie in diesem Monat die große Göttin Flora ehren, die uns diesen bunten, duftenden Blütenreichtum geschenkt hat. Laden Sie Ihre Freundinnen ein und setzen Sie eine erfrischende Maibowle an. Dieses Fest können Sie ganz besonders schön in Ihrem eigenen Garten feiern, wo Sie der Göttin Flora auch ein Blumenbeet widmen können. Schmücken Sie Ihre Terrasse mit allen möglichen Blüten und Blumenkränzen und tragen Sie Kleidung aus ganz leichtem, sommerlichen Stoff. Auch Ihren Altar sollten Sie in diesem Monat reich mit Blumen und Girlanden verzieren. Auf diese Weise holen Sie sich die Lebenskraft der Natur ins Haus.

Hexenfeiertage im Mai

1. Mai: *Fest der griechischen Göttin Maia*

Maia gilt als die Großmutter der Magie. Sie ist Hebamme, Göttin des Nachthimmels und eine große Seherin.

4. Mai: *Fest der irischen Göttin Sheila na Gig*

Diese, ein wenig Furcht einflößende Göttin steht für die absolute Öffnung. Man könnte ihren Namen mit »hässliches altes Weib« übersetzen, und so heißt sie gewiss nicht ohne Grund. Wenn Sie Ihre Kleidung an diesem Tag auf einen Weißdornbusch legen, wehren Sie Armut ab.

6. Mai: *Fest der irischen Göttin Inghean Bhuidhe*

Der Name dieser Göttin des Sommeranfangs bedeutet »gelbhaariges Mädchen«. Inghean Bhuidhe wird am 6. Mai verehrt, da der Sommer in Irland an diesem Tag beginnt.

18. Mai: *Fest des griechischen Gottes Pan*

Pan ist der Gott der Hirten und des Waldes. Für die Hexen ist er der Prototyp des idealen Mannes, wild und sanft zugleich. Auch gab er der wohlklingenden Panflöte ihren Namen. Errichten Sie im Wald einen Altar und erbitten Sie Pans Gegenwart. Sicher werden Sie seine Anwesenheit und Kraft spüren.

Der Sommer

Die Zeit der höchsten Energie ist angebrochen. Die Kraft der Sonne ist vollständig zurückgekehrt und alles strotzt vor Saft und Kraft. Der Sommer ist aber nicht nur die Zeit des Genießens. Es geht jetzt auch darum, Geduld und Durchhaltevermögen zu stärken. Bedenken Sie, dass unsere Vorfahren gerade in der Sommerzeit die schwerste Arbeit auf den Feldern zu verrichten hatten. Ihnen wurde in den heißen Tagen besonders viel Kraft und Standfestigkeit abverlangt. Bitten Sie in dieser Zeit um Mut und Kraft und vertrauen Sie auf den positiven Einfluss durch die Kräfte der Natur. Halten Sie sich viel in der freien Natur auf und spüren Sie das Leben um sich herum.

Juni

Der Sommer ist da, die Zeit der Sonne und der Lebensfreude. Lassen Sie es sich so richtig gut gehen. Nun sollten Vergnügen und Spaß in Ihrem Leben an erster Stelle stehen. Unternehmen Sie viel, gehen Sie zum Eisessen ins Café oder mit Freunden an den See. Nutzen Sie die Zeit der Fülle, essen Sie viel Obst und frische Salate, tun Sie etwas für Ihren Körper. Verwöhnen Sie sich nach Strich und Faden. Richten Sie Ihr Leben auf die Dinge aus, die Ihnen Freude machen.

Hexenfeiertag im Juni

1. JUNI: *Fest der römischen Göttin Carna*

Carna, deren Name »Fleisch« bedeutet, ist die Göttin der Ernährung. An ihrem Ehrentag werden ihr Lebensmittel als Opfergaben dargebracht.

2. JUNI: *Fest der römischen Göttin Juno*

Diese Göttin wurde bereits am 1. März mit einem Feiertag geehrt, doch dieses Mal geht es um die Entfaltung ihrer ganzen Kraft. Sie wacht über eine gute Ehe und gesunde Fortpflanzung.

9. JUNI: *Fest der römischen Göttin Vesta*

Sie ist die Herrin des Feuers und des Herdes und die älteste römische Göttin. In Rom hatte sie ein ganz besonderes Heiligtum, das von ihren Priesterinnen, den Vestalinnen, gehütet wurde.

14. JUNI: *Geburtstag der griechischen Musen*

Die Musen sind die neun Töchter der Göttin Mnemosyne. Sie stehen für Kreativität und Inspiration, wobei jede ihr eigenes Fachgebiet hat. Laden Sie an diesem Tag Ihre Freunde ein und seien Sie kreativ. Tanz, Gesang und Dichtkunst stehen auf dem Plan. Lassen Sie sich inspirieren.

17. JUNI: *Hochzeitsfest von Eurydike und Orpheus*

Dies ist ein ganz besonderer Feiertag für Liebespaare. Spüren Sie die Energie der Liebe, die in der Luft liegt, und zelebrieren Sie in der freien Natur ein Liebesritual.

21. JUNI: *Fest der Göttin Beiwes (Sommersonnenwende)*
Der 21. Juni ist der längste Tag, gefolgt von der kürzesten Nacht. Die Kraft der Sonne hat ihren Höhepunkt erreicht. In dieser Nacht entzünden Hexen und Hexer ihr Sonnwendfeuer und feiern die Kraft der Göttin und des Gottes sowie die Fruchtbarkeit der Natur. Das Fest der Beiwes ist die beste Zeit für Wünsche. Zelebrieren Sie also Glücksrituale jeder Art mit Freunden.

24. JUNI: *Johannisnacht*
Alle Quellen, Weiher und Brunnen sind in dieser Nacht voller heilsamer Kräfte. Es ist Brauch, an diesem Tag Johanniskraut zu sammeln und es in sieben kleinen Büscheln an den Gewässern niederzulegen. Auch hat man großes Glück in der Liebe, wenn man an diesem Tag Johanniskraut sammelt.

Juli

Es ist Hochsommer. Die erste Hitzewelle hat uns erreicht. Die ersten reifen Früchte sind zu sehen. Sie zeigen uns, dass wir schon wieder auf dem Weg in den Herbst und damit in die bevorstehende Dunkelheit sind. Spannen Sie, wenn Sie können, mal so richtig aus. Fahren Sie in fremde Länder und besuchen Sie alte Kultstätten und Kraftplätze. Kehren Sie Ihrem Alltag den Rücken und denken Sie nur an sich. Tun Sie einmal etwas Ungewöhnliches und schlafen Sie in einer lauen Sommernacht draußen unter freiem Himmel, wo die Sterne auf Sie herabscheinen.

In dieser ganz besonders heißen Zeit können Sie auch ein kleines Fest zu Ehren des Wassergottes Neptun feiern. Machen Sie ein Picknick an einem Gewässer und servieren Sie nur Speisen, die aus dem Meer stammen, zum Beispiel Garnelen, Algen, gegrillte Fische und so weiter. Besonders schön ist es, wenn alle Beteiligten in den Farben des Meeres gekleidet sind. Vielleicht kann jemand etwas über Neptun vorlesen, oder Sie machen eine wilde Wasserschlacht. Ihrer Phantasie sind keine Grenzen gesetzt.

Hexenfeiertage im Juli

2. Juli: *Fest der werdenden Mütter*

Dies ist der Tag der schwangeren Frauen. Es ist Brauch, einer werdenden Mutter ein kleines Geschenk zu überreichen. Auch eignet sich dieser Tag für Fruchtbarkeitsrituale.

3. Juli: *Fest der keltischen Göttin Cerridwen*

Cerridwen ist nicht nur die Göttin des Todes und der Wiedergeburt, sondern auch der Fruchtbarkeit und der Inspiration. Eines ihrer Symbole ist das Schwein. An diesem Tag können Sie ein Festmahl abhalten mit allem, was das Schwein hergibt. Vegetarier können Mais und Kartoffeln essen, das Lieblingsfutter der Schweine. Dieses Festmahl wird Ihnen ganz besonders viel Glück bringen.

7. Juli: *Fest der japanischen/koreanischen Göttin Tanabata*

Tanabata wacht über frisch verliebte Paare. In Japan und Korea ist es Brauch, an diesem Tag ein ganz besonderes Liebesritual durchzuführen. Man schreibt den Namen des Liebsten auf ein Stück Pergament und bindet dieses an einen

Apfelbaum, damit der Mond und die Sterne den Namen lesen können.

13. JULI: *Fest der griechischen Göttin Demeter*
Diese Göttin wacht über die Jahreszeiten. Ihrer Kraft entspringt die Quelle allen Wachstums. Doch als eines Tages ihre Tochter Persephone geraubt und in die Unterwelt verschleppt wurde, trauerte Demeter so sehr, dass auf der Erde alles zu welken begann. Erst als Demeter ihre Tochter zurückbekam, konnte die Natur wieder erblühen.

19. JULI: *Hochzeitsfest der ägyptischen Götter Isis und Osiris*
Isis und Osiris sind eines der berühmtesten Götterpaare. Isis setzte Osiris, der von ihrem eifersüchtigen Bruder getötet und zerstückelt worden war, wieder zusammen und erweckte ihn mit Hilfe ihrer magischen Fähigkeiten wieder zum Leben.

August

Nun bricht die große Hitze aus. Alles scheint still zu stehen, und niemand mag sich so recht bewegen. Doch gerade in dieser Zeit haben die Bauern schwere Arbeit zu leisten. Die Erntezeit hat begonnen, und eine erste Jahresbilanz wird gezogen.

Pflegen Sie sich an den heißen Tagen ganz besonders, da Ihre Haut durch die starke Sonneneinstrahlung leicht Schaden nehmen kann. Lassen Sie sich, wenn Ihr Urlaub schon vorbei sein sollte, nicht zu schnell wieder vom Alltag einfangen. Nehmen Sie sich weiterhin so viel Zeit für sich, wie Sie können, und stellen Sie ein schönes Urlaubsfoto an Ihren Arbeitsplatz. Versuchen Sie, alles etwas langsamer angehen zu lassen, wie es in den südlichen Ländern Brauch ist.

In diesem Monat werden die Mütter ganz besonders geehrt. Lassen Sie sich als Mutter einmal so richtig verwöhnen, oder überlegen Sie sich etwas Schönes für Ihre eigene Mutter.

Hexenfeiertage im August

2. AUGUST: *Lammas*

Lammas markiert den Beginn der Erntezeit: Korn und Heu werden eingefahren. Auch die Hexen feiern ihr Erntedankfest. Die Tische sind reichlich mit den Früchten der Natur gedeckt. An diesem Tag danken wir Mutter Erde für die Fülle ihrer Gaben. Das Lammasfest ist der keltischen Göttin Habondias gewidmet. An diesem Tag werden Rituale für Reichtum und Überfluss zelebriert.

13. AUGUST: *Fest der römischen Göttin Diana*

Diana ist die Göttin des Himmels und der Erde, die große Mondin. Sie ist die Mutter, die über alles wacht. Erbitten Sie ihren Beistand für die zweite Jahreshälfte und zelebrieren Sie ein Dankesritual ihr zu Ehren.

15. AUGUST: *Geburtstag der ägyptischen Göttin Isis*

Heute wurde Isis von ihrer Mutter Nut geboren. Alles was Sie an diesem Tag segnen, steht unter einem ganz besonders guten Stern.

23. August: *Fest der griechischen Göttin Moira*
Moira ist eine dreifaltige Schicksalsgöttin. Sie verkörpert die Tochter Klotho, die Mutter Machesis und die Greisin Atropos. Sie spinnt den Faden des Schicksals, und eines Tages wird sie ihn wieder durchtrennen.

25. August: *Fest der römischen Göttin Ops*
An diesem Tag können Sie Blumen, Wein und frisch gebackenes Brot auf den Altar legen, denn Ops ist eine große Saat- und Erntegöttin. Bitten Sie die Göttin, dafür zu sorgen, dass stets genug von allem da ist, und bedanken Sie sich für die Nahrung, die Ihnen zur Verfügung steht.

Der Herbst

Die Zeit der Ernte ist gekommen. Alle Früchte sind reif, auf den Feldern steht das goldene Korn. Nun genießen wir, was wir in diesem Jahr erreicht haben. Wir ernten die Früchte unserer Bemühungen. Der Herbst ist aber auch die Zeit der Danksagung. Danken Sie Gott und Göttin in feierlichen Ritualen und seien Sie auch bereit, etwas von Ihrem eigenen Reichtum abzugeben. Kümmern Sie sich um die Menschen, denen es im Augenblick nicht so gut geht. Seien Sie großzügig und offenherzig und vergessen Sie nicht, dass Sie alles, was Sie bereitwillig verschenken, dreifach zurückerhalten.

Jetzt erscheint die gesamte Natur in zauberhaften Rot-Goldtönen. Nehmen Sie diese besonderen Energien des Überflusses bewusst wahr. In dieser Zeit können Sie ganz besonders leicht Kontakt zu den Naturgeistern herstellen. Sie sind überall. Schauen Sie sich um und lassen Sie sich überraschen.

September

Dies ist der Monat der Ernte. Die Blätter fangen schon an, sich rot zu färben, und wir spüren, dass der Herbst allmählich Einzug hält. In dieser Zeit stellen wir Sirup oder Marmelade aus Hagebutten, Sanddorn und Holunder her. Diese Pflanzen eignen sich ganz besonders zur Stärkung des Immunsystems für die nahende kalte Zeit. Wie bereits im August ernten wir Kräuter und trocknen sie, um sie für eine lange Zeit haltbar zu machen.

Hexenfeiertage in Monat September

1. SEPTEMBER: *Fest der indischen Göttin Lakshmi*

Lakshmi ist die Göttin des Reichtums und des Wohlstandes. Sie steht aber auch für Gesundheit und Fröhlichkeit. In einem Ritual, das Sie ihr zu Ehren zelebrieren, bitten Sie die Göttin um Erleuchtung und Klarheit. Sie können sie aber auch um Fülle und Wohlstand bitten. Das bleibt ganz Ihnen überlassen.

13. SEPTEMBER: *Fest der altrömischen Göttin Venus*

Venus, deren Name »Liebreiz« oder »sinnliches Begehren« bedeutet, und ist die Göttin der Liebe und der Schönheit, aber auch der Harmonie und der Familie. An diesem Tage können Sie Venus bitten, Ihnen einen passenden Partner zu schi-

cken. Wenn Sie bereits in einer Beziehung leben, können Sie diese durch ein Liebesritual noch vertiefen. Stellen Sie Rosen, Früchte und Muscheln auf den Altar. Venus wird es Ihnen danken und Sie bei Ihren Liebesritualen unterstützen.

23. SEPTEMBER: *Mabon (Herbsttagundnachtgleiche)*
Die Herbsttagundnachtgleiche markiert das Ende der Erntezeit – ein Anlass, der Göttinnen und Götter zu gedenken und ihnen zu danken. Die Natur hat uns ihre Gaben geschenkt und verabschiedet sich nun wieder. An diesem Tag werden Rituale für Schutz, Gesundheit und inneres Gleichgewicht zelebriert.

28. SEPTEMBER: *Fest der griechischen Göttin Baubo*
Baubo ist die Göttin der Fröhlichkeit und des schallenden Gelächters. Das Lachen sollte heute an erster Stelle stehen. Treffen Sie sich an diesem Tag mit Freunden und tun Sie etwas, das Sie zum Lachen bringt. Heute ist Spaß angesagt.

Oktober

Die dunklen Monate nähern sich unaufhaltsam, aber auch der Oktober hält häufig noch einige sonnige Tage bereit. Nutzen Sie diese letzten lichtvollen Tage, um ausgiebige Herbstspaziergänge zu machen. Viel Laub ist bereits von den Bäumen gefallen, und es wird Zeit, dass wir uns mit Themen wie Loslassen, Trennung und Tod auseinander setzen. Passend zu dieser Thematik wird am 31. Oktober, beziehungsweise in der Nacht zum 1. November, das größte aller Hexenfeste gefeiert,

Samhain. Dieses Fest gilt als das Silvesterfest der Hexen. Das Hexenjahr ist damit beendet und ein neuer Kreislauf beginnt.

Hexenfeiertage im Oktober

1. Oktober: *Fest der römischen Göttin Fides*

Fides ist die Göttin des Vertrauens und der Verlässlichkeit. Angeblich waren die Römer überzeugt, dass man in einer guten Ehe vor allem ihren Schutz brauchte. In einem Ritual bat man Fides um Gerechtigkeit und innere Tugend und brachte ihr Opfergaben dar.

13. Oktober: *Fest der römischen Göttin Camena*

Diese Göttin lebt an Quellen, Bächen und Flüssen. Ganz besonders soll sie an einer heiligen Quelle an der Porta Capena zu finden sein. Ihr zu Ehren können Sie einen gebundenen Blumenkranz in ein fließendes Gewässer werfen. Anschließend drehen Sie sich dreimal im Uhrzeigersinn und laufen davon, ohne sich noch einmal umzusehen. Da Camena eine Seherin und Prophetin ist, kann man von ihr mit der Gabe der Hellsichtigkeit belohnt werden.

21. Oktober: *Fest der slawischen Göttin Horsel*

Horsel war die Mondgöttin der Slawen, bis sie von den Christen zur Märtyrerin erklärt wurde. Seitdem ist sie als die heilige Ursula bekannt. Zu Ehren der Mondgöttin können Sie silberfarbene Kerzen aufstellen und eine Sandelholzräucherung auflegen. Dann wird sie Ihnen stets mit ihren Heilkräften und ihrer Intuition zur Seite stehen.

31. OKTOBER/1. NOVEMBER: *Samhain*

In der Zeit um Samhain sind die Tage bereits kurz und die Nächte lang. Die Natur erscheint wie abgestorben. Wir gedenken der Toten und unserer Ahnen. Das ist der Tag, an dem die Hexen auf längst vergangene Zeiten zurückblicken und sich ihrer alten Werte besinnen. An diesem Tag werden alle magischen Utensilien in einem Ritual gereinigt und mit der Kraft der Ahnen neu aufgeladen. Dies ist auch die Nacht, in welcher der große alte Gott seine Göttin mit in die Unterwelt nimmt, um mit ihr das Kind des Lichtes zu zeugen. Sie streifen ihren physischen Körper ab und bereiten sich auf eine Reise in unbekannte Mysterien vor. Dort werden sie sich erneuern und schließlich wiedergeboren werden.

November

In diesem Monat nähern wir uns unaufhaltsam der dunklen Jahreszeit. Die Tage werden immer kürzer. Wir gehen morgens im Dunklen zur Arbeit und kommen abends im Dunklen wieder nach Hause. Häufig zieht dichter Hochnebel auf, der unsere Sicht auf die Sonne verschleiert. Man spürt ganz deutlich, dass die Göttin in die Unterwelt verschwunden ist.

In dieser Zeit liegt es nahe, sich ganz besonders mit dem Altern und dem Tod auseinander zu setzen. Das Jahr geht seinem Ende entgegen, und auch wir kommen dem Ende unseres Lebens mit jedem Tag ein Stückchen näher. Befassen Sie sich einmal möglichst aufgeschlossen mit dieser Thematik. Besuchen Sie Friedhöfe und lassen Sie die ganz besondere Energie, die an diesen Orten herrscht, auf sich wirken. Oder lesen Sie Bücher von Sterbeforschern, über Nahtoderlebnisse oder über Reinkarnation.

Hexenfeiertage im November

1. November: *Fest der keltischen Göttin Cailleach*
Cailleach wird als Göttin der dunklen Jahreszeit verehrt. Sie ist eine hässliche alte Frau, kann aber ungeheure Lasten auf sich nehmen. Bitten Sie Cailleach in einem kleinen Ritual um Kraft und Konzentration für die kalte Jahreszeit und danken Sie ihr dafür, dass sie alle diese Lasten für uns trägt.

15. November: *Fest der römischen Göttin Feronia*
Feronia lebt sehr zurückgezogen und einsam, denn sie ist die Göttin des Feuers und der Vulkane. Ihre Heiligtümer befinden sich in der Nähe von heißen Quellen und Vulkanen. Danken Sie Feronia in einem kleinen Ritual für ihre wärmespendende Kraft.

16. November: *Fest der griechischen Göttin Hekate*
Heute feiern wir die Nacht der Hekate, einer sehr wichtigen Hexengöttin. Hekate ist die alte, weise Greisin, aber auch die Göttin der Entscheidungen. Wegkreuzungen, vor allem dreigabelige, sind ihr heilig. Diese Nacht können Sie nutzen, um Ihren Freundinnen und Bekannten die Karten zu legen.

22. November: *Fest der griechischen Göttin Artemis*
Artemis ist die große Jagdgöttin, die Verkörperung von Freiheit und Selbstbestimmung. Wenn Sie sich missbraucht und

ausgenutzt fühlen, sollten Sie ein kleines Ritual zelebrieren, in dem Sie Artemis um ihren Beistand bitten. Sie wird Ihnen mit ihrer Kraft aus der Misere heraushelfen.

Der Winter

Die dunklen Tage sind zurückgekehrt. Die Jahreszeit, in der draußen alles schläft, ist angebrochen. Wir verpassen nichts, wenn wir es uns zu Hause gemütlich machen. Der Winter ist die Zeit der Einkehr und der Spiritualität, die Zeit, in der Sie sich vor allem mit esoterischen Themen beschäftigen und Rituale zur Förderung Ihrer Intuition abhalten sollten. Meditieren Sie. Blicken Sie auf das vergangene Jahr zurück und ziehen Sie Bilanz.

Der Winter ist aber auch die Jahreszeit, in der das Licht neugeboren wird. Umgeben Sie sich also mit vielen Lichtquellen und genießen Sie die Abende bei Kerzenschein.

Dezember

Nun ist das Jahr schon fast wieder vorüber. Die Tage sind ganz besonders kurz, und wir freuen uns auf den wohlverdienten Urlaub am Jahresende. Viele Menschen fallen zu dieser Zeit in eine Winterdepression und haben zu nichts mehr Lust. Aber gerade in dieser Zeit der größten Dunkelheit feiern wir Hexen die Wiedergeburt des Lichtes. Erst wenn die Nacht am dunkelsten ist, kann das Licht wieder zurückkehren. Darum ist es ganz wichtig, dass Sie sich in Ihrem Heim mit viel Licht umgeben. Stellen Sie Kerzen auf. Verbringen Sie, wenn Sie einen Kamin haben, die Abende vor einem prasselnden Feuer. Lassen Sie sich nicht zu sehr vom Weihnachtsstress mitreißen. Versuchen Sie, die Besinnlichkeit dieses Festes zu bewahren und bitten Sie die Göttin Shakti um Kraft und Energie für die turbulente Zeit bis zum Jahresende.

Hexenfeiertag im Dezember

1. DEZEMBER: *Fest der römischen Göttin Bona Dea*

Bona Dea ist eine Erdgöttin und die Hüterin der weiblichen Fruchtbarkeit. Die Teilnahme an ihrem Fest ist den Frauen vorbehalten. Männer haben keinen Zutritt, nicht einmal männliche Tiere, die Frauen hingegen können sich so richtig gehen lassen. Feiern Sie also mit Ihren Freundinnen ein ausgelassenes Fest zu Ehren der Göttin.

21. DEZEMBER: *Julfest, Fest der Göttin Lucina*

Dies ist der kürzeste Tag des Jahres, gefolgt von der längsten Nacht. Die Sonne scheint uns verlassen zu haben. In dieser dunklen Nacht feiern wir die Neugeburt des Lichts. Das Licht wird wiedergeboren, die Tage werden wieder länger. Wir schmücken unsere Häuser mit Mistelzweigen und Efeu, damit die Sonne und das Glück wieder Einzug halten können. An ihrem Geburtstag bringt Lucina jedes Jahr jenes Kind zur Welt, das symbolisch für alle Menschen steht und uns daran erinnern soll, liebevoll miteinander umzugehen. Dieses Fest ist unsere »Hexenweihnacht«, und Kinder sind uns an diesem Tag ganz besonders wichtig. Wir bitten um Schutz für sie und weihen Schildkrötenamulette, die sie auf ihrem Lebensweg begleiten sollen. Von nun an werden die Tage wieder länger und das Rad des Lebens beginnt sich von neuem zu drehen.

25. DEZEMBER: *Fest der germanischen Göttin Holle*
Die aus dem Märchen bekannte Frau Holle wird vom 25. Dezember an zwölf Tage lang geehrt. Sie reist durch das ganze Land, belohnt die Fleißigen und bestraft die Faulen. In dem Brunnen, in dem sie lebt, kann man sie auch besuchen und hat dann als fleißiger Mensch das Recht, einen Wunsch zu äußern.

31. DEZEMBER: *Fest der römischen Göttin Vesta*
Traditionell werden zu Ehren der Göttin Vesta die Herdfeuer entzündet und Speisen zubereitet. Sie können an diesem Tag Freunde einladen und mit ihnen ein Dankesritual zelebrieren, in dem Sie um ein erfolgreiches neues Jahr bitten und ein Zukunftsorakel befragen.

Januar

Ein neues Jahr hat begonnen. Wir sind voller Hoffnung und guter Vorsätze. Allerdings ist es immer noch sehr dunkel, und die Welt liegt zumeist unter einer dicken Schneedecke verborgen. Nach dem Jahreswechsel beginnt der Arbeitsalltag wieder, und die meisten Menschen tun sich schwer, in dieser kalten Zeit diszipliniert zu arbeiten. Nehmen Sie sich also in

Ihrer Freizeit viel Zeit für sich selbst. Dies ist die Zeit der Reinigung und der Erneuerung. Sie können das Jahr mit einem kleinen Ritual beginnen, nämlich mit dem Reinigen Ihrer Türschwelle. Sie symbolisiert einerseits den Weg aus unserer vertrauten Umgebung in die Welt und steht andererseits für das, was wir in unsere Wohnung hineinlassen. Darum sollte der Eingangsbereich stets sauber und aufgeräumt sein. Beseitigen Sie sämtliche Stolperfallen, reinigen Sie die Schwelle mit Salzwasser und wischen Sie die Haustür anschließend mit Olivenöl ab, in dem Sie einige Tage zuvor Salbei und Rosmarin haben ziehen lassen.

Hexenfeiertage im Januar

1. Januar: *Fest der babylonischen Wassergöttin Nanshe*

Dieser Tag ist ganz besonders für die Zukunftsdeutung geeignet. Nanshe beurteilt die Taten des vergangenen Jahres und sagt aus Träumen und Omen das Schicksal der Menschen für das kommende Jahr voraus.

3. Januar: *Fest der sumerischen Göttin Inanna*

Inanna ist die Göttin sowohl der Liebe als auch des Krieges. Sie steht für das Weibliche und das Schöne in all seinen Facetten, aber auch für die Schatten und die Fähigkeit, seiner eigenen dunklen Schwester, also all seinen negativen Seiten zu begegnen. Zelebrieren Sie ein kleines Ritual zu Ehren Inannas. Dieser Tag ist sehr günstig für Gesundheits- und Schutzrituale. Aber auch wenn Sie sich nach Liebe sehnen oder ein Kind wünschen, können Sie dies rituell unterstützen.

5. JANUAR: *Fest der griechischen Göttin Kore*
Dies ist ein günstiger Tag für Geld- und Schutzrituale, denn Kore ist die Kornjungfrau und eine Fruchtbarkeitsgöttin, die alles wachsen und gedeihen lässt.

6. JANUAR: *Fest der keltischen Göttin Sirona*
Sirona ist die Göttin der Fruchtbarkeit und des Himmels, und ihr Fest eignet sich sehr gut für die Gewinnung und Übertragung von Energie. Laden Sie Ihr inneres Kraftzentrum wieder auf.

8. JANUAR: *Fest der römischen Göttin Justitia*
Wie ihr Name schon sagt, steht Justitia für Gerechtigkeit. Angeblich tötete sie alle, die unter Eid die Unwahrheit sagten. Heute können Sie ein kleines Ritual feiern, um Gerechtigkeit zu erlangen oder die Wahrheit zu erfahren.

15. JANUAR: *Fest der römischen Göttin Carmenta*
Carmenta ist die Göttin der Hebammen und der Geburtshelfer sowie der Weissagungen. Sie schützt alle werdenden Mütter. Wenn Sie sich schon lange ein Baby wünschen, ist dies der geeignete Tag um Ihren Liebsten zu verführen.

30. JANUAR: *Fest der römischen Göttin Pax*
Zu Ehren dieser Friedensgöttin wurde im alten Rom ein Altar errichtet. Dort wurden an Ihrem Ehrentag die Namen all der Menschen verlesen, die keinen Frieden wollten. Diese fielen fortan in Ungnade. Heute können Sie an die-

sem Tag sowohl ein Ritual für den Weltfrieden feiern als auch ein Ritual, das die Aussöhnung mit Ihren Lieben zum Ziel hat.

Februar

Dies ist der Monat der Reinigung und der Vorbereitung auf den nahenden Frühling. Der Februar hält einige Tage bereit, in denen die Natur bereits ein Stück weit zu erwachen scheint. Die Sonne strahlt, die Vögel singen und die Luft ist nicht mehr ganz so eisig. Allerdings ist dies häufig ein Trugschluss, denn gern hält der Winter irgendwann im Februar noch mal richtig eisig Einzug.

Hexenfeiertage im Februar

1. FEBRUAR: *Fest der keltischen Göttin Birgit*

Birgit (= die Strahlende) ist die Göttin der Inspiration, die auch mit Dicht- und Heilkunst in Verbindung gebracht wird. Führen Sie heute, am Ehrentag der Birgit, inspirierende Rituale zur Steigerung Ihrer Intuition durch.

2. FEBRUAR: *Imbolc (Lichtmess)*

Das keltische Wort Imbolc bedeutet »im Bauch, im Schoß«, und manchmal rührt sich am 2. Februar schon etwas im Bauch der Erde, und der erste Hauch des Frühlings wird spürbar. Mit dem Imbolc-Fest werden die kreativen Kräfte des Wachstums und der Entfaltung gefeiert. Junge Hexen und Hexer, die das alte Wissen seit mindestens zweieinhalb Jahren bei einer initiierten Hexe studiert haben, werden in dieser

Nacht in den Konvent oder Coven aufgenommen und mit den Geheimnissen der Magie vertraut gemacht.

12. FEBRUAR: *Tag der großen Göttin Diana*
Diana ist unsere große Muttergöttin. Ihr zu Ehren werden heute Rituale des Dankes und der Erneuerung unserer Lebenskraft abgehalten.

14. BIS 21. FEBRUAR: *Fest der griechischen Göttin Aphrodite*
Diese Tage sollten Sie vor allem für Liebesrituale nutzen. Jeweils um Mitternacht versammeln sich die weisen Frauen an einem heiligen Ort in einem großen Kreis und fassen sich an den Händen. Sie führen Rituale durch und bitten Aphrodite um Beistand in Liebesdingen.

14. FEBRUAR: *Fest der Liebe, Valentinstag*
Dieser Tag wurde ursprünglich »Lupercalia« genannt. An Lupercalia durften Männer ein Los ziehen, auf dem der Name einer Frau stand, mit der sie sich dann zügellos vergnügen durften. Um diesem Treiben Einhalt zu gebieten, weihte die Kirche diesen Tag dem heiligen Valentin, dem Schutzpatron der Liebenden.

16. FEBRUAR: *Fest der griechischen Hexengöttin Hekate*
Heute feiern die Hexen den Tag der Hekate. Während wir am 16. November die Nacht der Hekate gefeiert haben, um den dunklen Aspekt dieser Göttin zu verehren, richten wir an diesem Tag ein Fest zu Ehren ihrer hellen Seite aus. Hekate ist

die weise alte Greisin, die Tod und Wiedergeburt in sich vereint und sowohl für Entscheidungen als auch für Umbrüche im Leben steht.

22. FEBRUAR: *Fest der römischen Göttin Concordia*
Dieser Tag steht völlig im Zeichen der Harmonie in der Familie, in der Verwandtschaft und unter guten Freunden. Feiern Sie diesen Tag zu Ehren Concordias im Kreise Ihrer Familie und Ihrer Freunde. Vermeiden Sie jeden Streit und jede Missgunst, denn das würde die Absicht Ihrer Zusammenkunft völlig zunichte machen.

26. FEBRUAR: *Fest der griechischen Göttin Hygieia*
Wie man ihrem Namen bereits entnehmen kann, ist Hygieia die Göttin der Hygiene und der Gesundheit. Ihr Symbol ist die Schlange. Lassen Sie es sich am Tag dieser Göttin so richtig gut gehen. Sie können zum Beispiel ein Gesundheitsritual zelebrieren, in dem Sie aller kranken Mitmenschen gedenken. Dies ist auch ein guter Tag für Gesundheitsvorsorge und Körperpflege.

Ritual zum Esbatfest

Das alte Esbatfest, das die Hexen an jedem Vollmond begehen, wird vorzugsweise um Mitternacht gefeiert, und zwar in der freien Natur. Die Hexen und weisen Frauen beten zur großen Mondin, tanzen nach ihrem Lied und stellen eine geistige Verbindung zu Bäumen, Quellen und magischen Steinen her.

Bereiten Sie den klassischen Hexenwein und den Hexensabbatkuchen für dieses Fest schon ein paar Tage vorher zu.

Führen Sie das Ritual am besten mit mehreren Teilnehmern durch, wobei Sie darauf achten sollten, dass die Anzahl der Teilnehmer immer ungerade ist. Übernehmen Sie die Rolle der Ritualleiterin selbst.

SIE BRAUCHEN: *25 Teelichter*
einen Haselnusszweig
Hexenwein (Rezept auf Seite 186)
Kelch
Ritualmusik
Hexensabbatkuchen (Rezept auf Seite 186)

- Stellen Sie die 25 Teelichter in einem ausreichend großen Kreis auf und lassen Sie im Osten einen Zugang frei.
- Nehmen Sie den Haselnusszweig, der Ihnen als Zauberstab dient, und gehen Sie den Kreis im Urzeigersinn ab. Der magische Kreis ist damit gezogen und wird gleichzeitig von negativen Energien gereinigt.
- Lassen Sie die Teilnehmer einzeln der Reihe nach in den magischen Kreis eintreten.
- Küssen Sie – als Ritualleiterin – jeden Teilnehmer auf die Stirn und geben Sie allen einen Schluck Hexenwein zu trinken.
- Schließen Sie nun den Eingang des Kreises mit dem Haselnusszweig.

- Fordern Sie die Teilnehmer auf, sich an den Händen zu halten.
- Lassen Sie im Hintergrund Musik laufen, beispielsweise meine CD »Year of the Wicca«. Dazu tanzen alle in ausgelassener Stimmung.
- Nun beginnt das eigentliche Vollmondritual mit den folgenden magischen Worten:

Oh magischer Zirkel,
Treffpunkt der Liebe,
des Glücks und der Wahrheit.
Schütze uns vor allem Bösen und Negativen.
Sei ein Schutzschild
für alle hier Anwesenden.
Sei gesegnet im Namen des Lichts!
Im Namen von KARNAYNA!
Im Namen von ARADIA!
Im Namen der Mondin!
Sela!

Geheimnisvolle Orakel

Heute verstehen wir unter Orakel zumeist die Kunst, mit Hilfe von Tarotkarten, Pendeln oder Glaskugeln einen Blick in die Zukunft zu werfen, um herauszubekommen, wie das Leben vor allem beruflich und privat, aber auch in gesundheitlicher Hinsicht weitergehen wird. Früher bedienten sich die Menschen aber oft ganz alltäglicher Vorfälle und Vorgänge, um daraus Konsequenzen für die Zukunft abzulesen. In diesem Zusammenhang gab es zahlreiche Sprüche, die sich für heutige Ohren höchst seltsam anhören. Einige davon halte ich aber nach wie vor für richtig. Unten habe ein paar davon zusammengestellt. Ich überlasse es Ihnen zu entscheiden, welche davon Sie glauben möchten und welche nicht.

Mädchen und die Suche nach dem richtigen Partner

- Wenn ein Mädchen sich einen Männerhut aufsetzt, bleibt es noch ein Jahr ohne Partner.
- Wenn ein Mädchen beim Kaffeeeingießen die Kanne offen lässt, bekommt es einen Trinker zum Partner.
- Sitzt ein Mädchen beim Essen an einer Tischecke, bekommt es einen buckligen Mann oder eine böse Schwiegermutter.

- Wenn ein Mädchen in der Silvesternacht in den Hühnerstall geht und wartet, ob sich zuerst der Hahn oder eine Henne rührt und ist es der Hahn, so wird es noch im selben Jahr heiraten.
- Um herauszufinden, wie der Zukünftige wohl aussehen wird, kauft sich ein Mädchen einen Apfel, isst die Hälfte davon und legt die andere unter sein Kopfkissen. Im Traum wird es dann die Gesichtszüge seines Zukünftigen erkennen können.
- Wenn ein Mädchen am Ostermorgen vor Sonnenaufgang drei Löffel Wasser aus einem fließenden Gewässer schöpft, das Wasser trinkt und dabei »Untergehen, auferstehen, immer treu, ewig neu« sagt, kann derjenige, an den es dabei denkt, nicht mehr von ihm lassen.

Gute Gesundheit

- Wenn man ein Hufeisen oder eine Stecknadel findet, darf man sie nicht aufheben, sonst hebt man sein Unglück auf. Hebt man dennoch eine Stecknadel auf, so bekommt man Seitenstechen und Fieber.
- Die Gesundheit erhält man sich, wenn man am Karfreitag vor Sonnenaufgang badet, an Fasching Blutwurst isst, im Mai Birkensaft trinkt oder sich im Frühling beim Erblicken der ersten Bachstelze auf der Erde wälzt.

So wird das Wetter

Heute wird das Wetter mittels ausgereifter meteorologischer Methoden vorhergesagt, sogar lange im Voraus. Früher bediente man sich alter Bauernregeln, um das Wetter vorherzusagen – mit ähnlich gutem Erfolg. Zwar sorgt die weltweite Veränderung des Klimas heute immer wieder für Irritationen, was manchmal den Anschein erweckt, als hätten die alten Bauernregeln ihre Gültigkeit verloren, aber der Schein trügt. Viele diese Weisheiten halten einer genauen Prüfung nach wie vor stand. Hier ein paar Beispiele:

Januar

- Nebel im Januar bringt einen nassen Frühling.
- Ist der Januar sehr nass, bleiben die Weinfässer leer.
- Wie der Neujahrstag, so der August: nass oder trocken.
- Ist die Neujahrsnacht still und klar, wird's bestimmt ein gutes Jahr.

Februar

- Liegt die Katze im Februar in der Sonne, muss sie im März wieder hinter den Ofen.
- Nordwinde sind im Februar wünschenswert. Denn bleiben sie aus, kommen sie gewöhnlich im April und haben dann nachteilige Folgen.
- Wie der Februar, so der August.

März

- März nicht zu trocken und nicht zu nass, füllt die Scheuer und das Fass.
- Auf einen angenehmen März folgt ein unfreundlicher April.
- Schreit der Kuckuck im März, klappert der Storch, und zieht die wilde Gans ins Land, so gibt's einen guten Frühling.

April

- Ein trockener April ist nicht der Bauern Will.
- Ein nasser April verspricht viele Früchte.
- Blühen die Bäume schon Ende April, gibt es Obst, gut und viel.

Mai

- Kühler Mai gibt guten Wein und viel Heu.
- Maientau macht grüne Au, Maienfröste bringen unnütze Gäste.
- Wenn es in der Walpurgisnacht regnet, soll ein fruchtbares Jahr folgen.

Juni

- Viel Donner im Juni hat einen trüben Sommer zur Folge.
- Wie der Juni, so auch der Dezember.
- Wie die Witterung an Johannis war, soll sie noch 30 bis 40 Tage bleiben.
- Juni trocken mehr als nass, füllt mit gutem Wein das Fass.

Juli

- Wenn es im Juli viel donnert, nehmen Korn und Gerste Schaden.
- Wenn Ameisen im Juli sehr hoch bauen, kannst du gleich nach Brennholz schauen.
- Wenn es um den 5. Juli herum regnet, verderben die Nüsse und die Kastanien.

August

- Im August viel Sonnenschein, bringt im Herbst guten Wein.
- Salz im August das Brot gut ein, sonst wird es bald schimmlig sein.
- Ist der August am Anfang sehr heiß, bleibt der Winter lange weiß.

September

- So, wie die Witterung in den ersten drei Tagen des Septemberneumonds ist, bleibt sie gewöhnlich während des ganzen Herbstes.
- Ist's am 1. September hübsch und fein, wird's den ganzen Monat so sein.
- Septembergewitter bringen viel Schnee im Februar und März.

Oktober

- Einem warmen Oktober folgt ein gemäßigter, aber veränderlicher Winter.

- Ist der Neumond im Oktober schön, gibt es eine gute Weinlese.
- Oktoberhimmel voller Stern, hat warme Öfen wirklich gern.

November

- Wenn im November die Wasser steigen, so wiederholt sich dies in jedem Monat des Winters, und man muss mit einem nassen Sommer rechnen.
- Ein trockener, kalter November verspricht Regen und milde Luft im Januar.
- Ist das Laub Mitte November noch nicht von den Bäumen gefallen, so folgt ein strenger Winter.

Dezember

- Wenn die Milchstraße im Dezember schön weiß und hell scheint, so bedeutet das ein gutes Jahr.
- Grüne Weihnachten, weiße Ostern. Weiße Weihnachten, grüne Ostern.
- Ist es am 12. Dezember milde, bleibt es noch mindestens 16 Tage lang schön.

Die folgenden Vorhersagen betreffen die vier Jahreszeiten allgemein. Sie machen darauf aufmerksam, dass wir in einen großen Kreislauf eingebunden sind, in dem alles seinen Platz hat.

Frühling

- Viele Raupen im Frühjahr und Sommer bringen einen trockenen Herbst.
- Viel Nebel im Frühjahr bringt viel Regen im Sommer.
- Wie das Wetter um den Frühlingsanfang herum war, so wird der ganze Sommer.

Sommer

- Ein trockener Sommer ist fruchtbar an Korn, denn die Sonne scheint keinen Hunger ins Land.
- Wenn Hitze und Regen sich im Sommer oft einfinden, ist der Landmann froh und alle Trauer bleibt dahinten.

Herbst

- Einem warmen, nassen Herbst folgt ein strenger Winter.
- Einem heiteren Herbst folgt ein nasses Frühjahr.
- Nebel im Herbst versprechen ein gesegnetes Kornjahr.
- Viele Herbstnebel bedeuten einen schneereichen Winter.

Winter

- Donner im Winterquartal bringt uns Kälte ohne Zahl.
- Später Winter, spätes Frühjahr.

Das Johanniskrautorakel

Johanniskraut gilt schon seit alten Zeiten als Liebeskraut. Es befreit von angehexter Liebe und führt zu echter Liebe. Wenn Sie heiraten möchten, zerdrücken Sie seine Blütenknospen in ein Taschentuch und achten darauf, ob rötlicher oder farbloser Saft herauskommt. Färbt der Blütensaft das Taschentuch rot, sagen Sie: »*Kommt rotes Blut, ist die Liebe gut.*«

Ist der Blütensaft jedoch farblos, sagt man: »*Ohne Rot bleibt die Liebe tot.*«

Besonders aussagekräftig ist das Johanniskraut, wenn es am Johannistag (24. Juni) gesammelt und angewendet wird.

Die Zukunft zum Greifen nah

Ein kleiner Blick in die Zukunft gefällig? Den kann dieses Orakel Ihnen gewähren.

SIE BRAUCHEN: *drei Schälchen*
Wasser
einen Ring
Ihre Lieblingsblume

Stellen Sie die drei Schälchen nebeneinander. Das erste wird mit Wasser gefüllt, in das zweite legen Sie einen Ring und in das dritte Ihre Lieblingsblume. Während Sie sich die Augen verbinden lassen, verändert eine andere Person die Anordnung der Schälchen. Strecken Sie nun die Hand nach einem der Schälchen aus und greifen Sie hinein.

- Wenn Sie ins Wasser greifen, haben Sie eine schwierige, tränenreiche Zeit vor sich.
- Bekommen Sie den Ring zu fassen, werden Sie in absehbarer Zeit den Partner fürs Leben kennen lernen oder – wenn Sie Ihren Partner schon gefunden haben – heiraten.
- Die Blume verheißt Ihnen viel Freude und heitere, sonnige Tage.

Theas großes Tassenorakel

Dieses Orakel verrät Ihnen alles über Liebe, Glück, Erfolg und Schicksal. Es sollte in Vollmondnächten oder bei zunehmendem Mond befragt werden. Auch der Silvesterabend ist für die Zukunftsschau gut geeignet.

SIE BRAUCHEN:	*neun Tassen oder Becher*
	einen Ring
	eine Geldmünze
	einen Schlüssel
	etwas Asche
	ein Stück Brot
	eine Prise Salz
	eine Prise Zucker
	ein Stück Kohle
	ein vierblättriges Kleeblatt

- Stellen Sie die neun Tassen umgekehrt und in folgender Anordnung auf den Tisch:

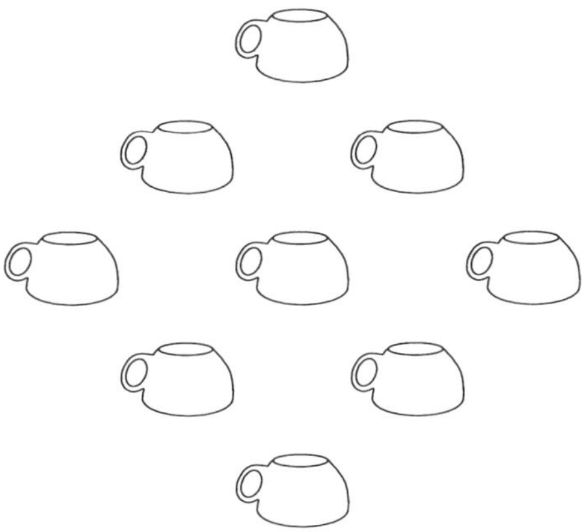

- Die Person, die das Orakel befragen möchte, verlässt den Raum. Während sie draußen wartet, versteckt eine andere Person jeweils einen der neun Orakelgegenstände unter einer der neun Tassen. Dann wird die Person wieder hereingerufen und muss die Tassen in folgender Reihenfolge aufheben: Sie beginnt mit der obersten Tasse, geht dann zur linken Tasse der zweiten Reihe, hebt anschließend die rechte Tasse der zweiten Reihe hoch und so weiter. Auch in den folgenden Reihen wird jeweils von links nach rechts aufgedeckt. Das Symbol, das unter der ersten Tasse liegt, gibt Auskunft über die allgemeine Tendenz dessen, was in der Zukunft geschehen wird. Alle weiteren Symbole sind damit in Zusammenhang zu sehen. Sie können die Aussage des ersten Symbols näher definieren, abschwächen oder verstärken. Deckt eine Person als Erstes das Kleeblatt auf, kann sie aufhören und das Orakel für einen anderen Spieler frei machen.

Deutung der Orakelgegenstände

- **Ring:** Heirat, Verlobung, liebevolle Partnerschaft
- **Geldmünze:** Glück, Erfolg, Karriere, Gewinn
- **Schlüssel:** Aussicht auf ein Erbe
- **Asche:** Unglück, Pech, schlechte Zeiten
- **Brot:** Das Leben ist gesichert, Not wird fernbleiben
- **Salz:** Nach einer kurzen, schwierigen Phase geht es wieder aufwärts
- **Zucker:** Siebe Jahre ohne Probleme liegen vor Ihnen

- **Kohle:** Achten Sie auf Ihre Gesundheit, vermeiden Sie unnötige Risiken
- **Kleeblatt:** Glück und Segen auf all Ihren Wegen

Das traditionelle Erdorakel

In dieser Form der Zukunftsschau hat mich eine erfahrene Meisterin unterrichtet. Seitdem ziehe ich sie immer wieder gern zur Beantwortung wichtiger Fragen heran. Der Überlieferung nach muss das Erdorakel stets unter freiem Himmel und bei Tageslicht (am besten zur Mittagsstunde) befragt werden. Je höher die Sonne steht, desto zuverlässiger antwortet es.

SIE BRAUCHEN: *Ihren Lieblingsplatz im Freien*
weißen, trockenen Sand
ein Holzstäbchen
einen kleinen Stein aus Ihrer Sammlung

- Suchen Sie Ihren Lieblingsplatz auf und schütten Sie den Sand dort vorsichtig auf die Erde. Glätten Sie den Sand mit der rechten Hand und konzentrieren Sie sich dabei auf die Frage, die Sie an das Orakel richten möchten.
- Zeichnen Sie nun mit dem Holzstäbchen einen Kreis in den Sand und teilen Sie diesen in vier gleich große Felder auf.

- In die vier Felder schreiben Sie die Worte: ja – später – niemals – vielleicht. Beginnen Sie im linken oberen Feld und bewegen Sie sich dann im Uhrzeigersinn durch die Felder, wobei Sie in jedes ein Wort schreiben. Von jetzt an darf der Kreis nicht mehr berührt werden.
- Nehmen Sie nun Ihren magischen Stein und konzentrieren Sie sich auf Ihre Frage. Schließen Sie die Augen, sodass Sie das Erdorakel nicht mehr sehen können, und werfen Sie dann das Steinchen in den Kreis.
- Machen Sie die Augen wieder auf und schauen Sie nach, in welchem Feld das Steinchen gelandet ist. Je genauer es im Zentrum eines Feldes, beispielsweise des »Ja«-Feldes, liegt, desto präziser ist die Antwort, und umso rascher wird sich Ihr Wunsch erfüllen. Ist der Stein am äußeren Rand des »Niemals«-Feldes gelandet, besteht nur wenig Hoffnung. Fällt das Steinchen auf die Trennlinie zwischen zwei Feldern, haben Sie einen zweiten Versuch frei.
- Landet das Steinchen im Zentrum des Kreises, wird der Wunsch auf jeden Fall in Erfüllung gehen. Dann sind Ihnen Glück und Erfolg auf allen Gebieten gewiss.
- Wenn Sie das Orakel ein zweites Mal befragen wollen, glätten Sie den Sand und wiederholen das Ritual noch einmal. Werfen Sie neben den Kreis, dürfen Sie das Erdorakel erst nach drei Tagen neu befragen, denn damit gibt Ihnen das Orakel zu verstehen, dass die richtige Zeit für eine Befragung noch nicht gekommen ist.

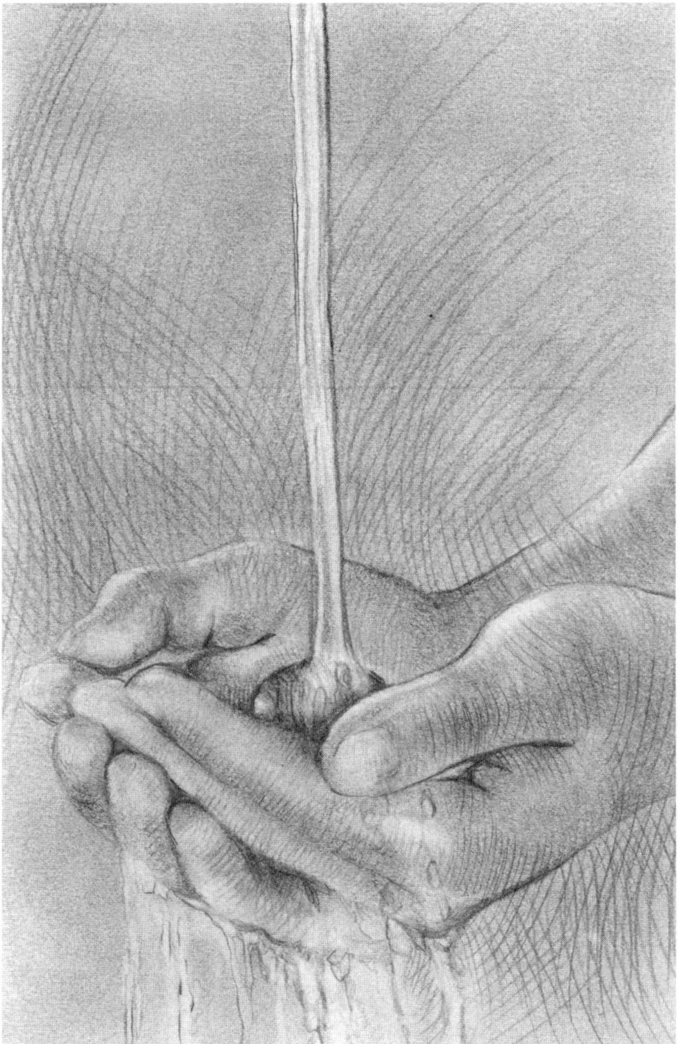

Den Stein reinigen

Bevor Sie einen Ihrer ganz persönlichen Steine für ein magisches Ritual verwenden, sollten Sie ihn unbedingt von negativen Energien reinigen. Das geschieht am besten unter kaltem, fließenden Wasser, dem Sie eine Prise Meersalz zufügen, vorausgesetzt Ihr Stein verträgt das. Legen Sie den Stein anschließend zum Trocknen in die Sonne oder setzen Sie ihn dem Mondlicht aus, um ihn erneut mit feinstofflicher Energie aufzuladen.

Geheime Botschaften in Farbe

Besorgen Sie sich je drei gleich große Knöpfe in den Farben Rot, Grün, Blau, Gelb, Weiß, Braun und Schwarz. Legen Sie all diese Knöpfe in eine Kupferschale und bedecken Sie diese mit einem weißen Tuch. Jeden Sonntag zwischen 14.00 und 15.00 oder 21.00 und 22.00 Uhr zünden Sie eine weiße Kerze an, räuchern mit Theas Glücksräucherung und ziehen ohne hinzuschauen drei Knöpfe aus der Schale, indem Sie mit der Hand unter das weiße Tuch fassen. Der erste Knopf steht für den Körper, der zweite für den Geist und der dritte für die Seele. Die einzelnen Farben haben unterschiedliche Bedeutungen, je nachdem ob sie für Körper, Geist oder Seele gezogen werden.

Bedeutung der Farben für den Körper

ROT: Achten Sie auf Ihren Energiehaushalt. Sie neigen dazu, Raubbau mit Ihrer Gesundheit zu treiben und sich zu viel zuzumuten. Gehen Sie lieber ein wenig sachter und schonender mit Ihrem Körper um und gönnen Sie ihm ab und zu Phasen der Erholung und Ruhe.

GRÜN: Sie haben sich hervorragend im Griff. Sie wissen genau, was Ihrem Körper gut tut und was ihm schadet. Es gibt keinen Anlass, etwas an Ihren bisherigen Gepflogenheiten zu ändern. Weiter so!

BLAU: Trauen Sie sich ruhig mehr zu. In Ihrem Körper schlummert noch ungenutztes Potenzial. Wie wäre es beispielsweise mit einem kleinen Fitnessprogramm oder einer anderen sportlichen Betätigung?

GELB: Lassen Sie sich nicht so hängen! Sie geben sich viel zu oft trüben Gedanken hin und sind deshalb ständig in Gefahr, sich irgendwelche Krankheiten einzureden. Legen Sie sich mal auf die Sonnenbank und umgeben Sie sich in Ihrer Wohnung mit vielen Gelbtönen.

WEISS: Sie befinden sich bereits auf dem Weg der Besserung und können jeden Tag beobachten, wie Sie Fortschritte machen. Geben Sie jetzt keinesfalls auf, sondern freuen Sie sich über jede noch so unscheinbare Kleinigkeit.

BRAUN: Irgendeines Ihrer Laster – sei es das Rauchen oder den übermäßigen Alkoholgenuss – sollten Sie unbedingt aufgeben. Führen Sie sich vor Augen, was Ihrem Körper schadet. Es ist höchste Zeit!

SCHWARZ: Sorgen Sie für besseren Schutz, indem Sie freundlich mit Ihrem Körper umgehen und Ihm Gutes widerfahren lassen. Gesundes Essen, Kräutertees und viel Schlaf werden Ihre leicht angreifbare Gesundheit wieder ins Gleichgewicht bringen.

Bedeutung der Farben für den Geist

ROT: Hüten Sie sich vor allzu waghalsigen Höhenflügen. Sie laufen Gefahr, andere herumzukommandieren und Ihr Durchsetzungsvermögen zu überschätzen.

GRÜN: Im Moment können Sie alles erreichen, was Sie sich vorgenommen haben. Ihr Geist ist hellwach und drängt auf die Umsetzung Ihrer Ideen. Sie handeln Ihren Neigungen entsprechend.

BLAU: Strengen Sie sich an und konzentrieren Sie sich auf die bevorstehenden Aufgaben. Sie werden sie bewältigen, wenn Sie dabeibleiben und nicht vorzeitig aufgeben.

GELB: Denken Sie nach. Vielleicht sind Sie in eine Sackgasse geraten und wissen im Moment nicht weiter. Versuchen Sie, Situationen, die Ihnen Unbehagen bereiten, aus einem anderen Blickwinkel zu betrachten, und suchen Sie nach Lösungen, die durchaus unkonventionell sein können.

Weiss: Lassen Sie im Augenblick mal fünf gerade sein. Suchen Sie nicht immerzu krampfhaft nach Erklärungen oder Lösungen. Lassen Sie die Dinge einfach auf sich zukommen und denken Sie sich nicht zu Tode.

Braun: Überprüfen Sie Ihre Motive und Ziele. Vielleicht haben Sie das Pferd von hinten aufgezäumt, ohne es zu merken. Also: Kommando zurück und andersrum. Konzentrieren Sie sich auf das Wesentliche. Lassen Sie alles los, was zu viel Kraft kostet und nichts oder nur wenig bringt.

Schwarz: Sprechen Sie nicht gleich mit jedem über Ihre Gedanken und Ideen. Es gibt in Ihrem Umkreis auch Menschen, die neidisch und eifersüchtig sind. Vor diesen Menschen schützen Sie sich am besten dadurch, dass Sie schweigen und genau beobachten.

Bedeutung der Farben für die Seele

Rot: Ja, was ist das denn? Die Liebe ruft! Wenn Sie in einer festen Partnerschaft sind, werden Sie wieder auf ungeahnte Weise umsorgt und verwöhnt. Wenn Sie Single sind, ist jetzt die beste Zeit, einen neuen Partner kennen zu lernen.

Grün: Sie sind rundherum ausgeglichen und in einer stabilen seelischen Verfassung. Ändern Sie bloß nichts. Die Glücksgötter und Glücksgöttinnen meinen es gut mit Ihnen.

Blau: Sie könnten ruhig etwas zupackender und forscher sein. Glauben Sie nur nicht, Ihr Engagement sei vergeblich. Der Einsatz lohnt sich auf jeden Fall. Kämpfen Sie beherzt um Ihr Glück und lassen Sie sich auch mal etwas Neues einfallen.

Gelb: Na, schon aufgegeben? Ihr Stimmungsbarometer ist im Augenblick ziemlich weit unten, sozusagen unter der Tischkante. Lassen Sie sich nicht unterkriegen! In Ihnen steckt mehr, als Sie für möglich halten. Es ist allerhöchste Zeit, dass Sie sich – wie Baron von Münchhausen – am eigenen Schopf aus dem Sumpf ziehen und wieder Oberwasser gewinnen.

Weiss: Sie bekommen unerwarteten Beistand – überraschenderweise von Menschen, die Sie fast schon vergessen hatten. Scheuen Sie sich nicht, jede Hilfe anzunehmen, die Sie bekommen können. Auch die Menschen, die Ihnen nahe stehen, meinen es gut mit Ihnen.

Braun: Lassen Sie alle Dinge und Gedanken los, die Ihnen seelische Qualen bereiten und Sie nur unnötig belasten. Manches, woran Sie sich sklavisch klammern, ist absolut überflüssig und steht Ihrem Vorwärtskommen eindeutig im Weg. Bedenken Sie: Jedem Neuanfang geht ein Ende voraus, bisweilen sogar ein Ende mit Schrecken.

SCHWARZ: Im Moment sind Sie ziemlich verletzlich. Sie brauchen sich nicht ständig angegriffen zu fühlen und müssen auch nicht jedes Wort Ihrer Mitmenschen auf die Goldwaage legen. Seien Sie aber dennoch vorsichtig und hellwach. Ihre Intuition ist grundsätzlich richtig und gegenwärtig besonders gefragt. Hören Sie auf Ihre innere Stimme und vertrauen Sie darauf.

Zauber, Rituale und weißmagische Rezepte

Kleine Zauber mit großer Wirkung

Darauf haben Sie wahrscheinlich schon die ganze Zeit gewartet: der Zauberspruch, der alles verändern soll. Nicht zuletzt weil mich viele meiner Leser darum gebeten haben, werde ich Ihnen in diesem Kapitel einige wichtige Zaubersprüche verraten. Aber auch hier gilt:

Geduld, Loslassen und diszipliniertes Arbeiten ist das A und O der magischen Arbeit.

Und:

Den einzig wahren Zauberspruch, der mit einem Schlag alles verändert, gibt es nicht.

Ein Zauberspruch ist immer individuell in dem Sinne, dass er zu Ihrem Ritual ebenso passen muss wie zu Ihrem Anliegen.

Sie können die Sprüche, die Sie in diesem Kapitel finden, in Ihre magische Arbeit einbinden, wann immer Sie möchten. Allerdings sollten Sie jeden Spruch grundsätzlich mindestens dreimal hintereinander aufsagen. Wenn es sich um Sprüche für Finanzen, Beruf und Glück handelt, sogar neunmal, denn die Kraft des gesprochenen Wortes ist von großer Bedeutung.

Natürlich haben Sie auch jederzeit die Möglichkeit, Ihre eigenen Zaubersprüche zu verfassen. Dabei sollten Sie allerdings beachten, dass die Sprüche grundsätzlich positiv formuliert sein müssen. Negative Formulierungen, wie »nicht« oder »kein/keine«, sollten in jedem Zauberspruch tabu sein, und zwar aus einem ganz einfachen Grund: Magie funktioniert in erster Linie über das Unterbewusstsein, und das Unterbewusstsein überhört das Wort »nicht« einfach. Wenn Sie also in einem Ritual sagen »Ich will nicht krank werden«, hört das Unterbewusstsein: »Ich will krank werden.« Und damit bewirken Sie das genaue Gegenteil dessen, was Sie eigentlich bewirken wollten. Positiv formuliert würde dieser Satz lauten: »Ich will gesund bleiben.« Wenn Sie in einem Ritual »Ich will gesund bleiben« sagen, kommt genau das in Ihrem Unterbewusstsein an, was Sie auch wirklich erreichen wollen.

Zauber zur Enttarnung von Verrätern

Führen Sie diesen Zauber am besten an einem Samstag durch. Zünden Sie eine schwarze und eine weiße Kerze an, nachdem Sie die schwarze Kerze mit Rosmarinöl gesalbt haben. Als Räucherung eignet sich Weihrauch. Sprechen Sie anschließend dreimal diesen Zauberspruch:

Was eben noch verschleiert war,
wird sogleich für mich sichtbar.
Ihr Mächte der Gerechtigkeit,
vertreibt das Böse mir sogleich.

Visualisieren Sie, wie sich vor Ihren Augen ein Schleier lüftet und Sie Ihr Umfeld plötzlich völlig klar sehen. Senden Sie nun jede

Menge weißes Licht aus. Dieses weiße Licht reinigt Ihre ganze Umgebung und löst alle negativen Energien auf. Zum Schluss blasen Sie die weiße Kerze aus und bannen die schwarze mit einem Kerzenlöscher. Anschließend vergraben Sie die Kerzenreste und verabschieden sich damit von sämtlicher Bosheit und allen negativen Energien.

Zauber zur Steigerung des Geldflusses

Für diesen Zauber eignet sich der Donnerstag besonders gut, da Jupiter, der Glücksplanet, diesen Tag regiert. Zünden Sie eine grüne und eine weiße Kerze an. Räuchern Sie mit Sandelholz und sagen Sie anschließend folgenden Zauberspruch mindestens neunmal hintereinander:

Wohlstand möge sich verbreiten,
zu allen meinen Lebenszeiten,
Reichtum fließe mir zu, ganz leicht,
schenke mir Sicherheit und Wohlstand sogleich!

Visualisieren Sie, wie jede Menge Geldscheine vom Himmel auf Sie herunterregnen und natürlich auch in Ihren Geldbeutel hinein. Am Ende bannen Sie die grüne Kerze wieder mit dem Kerzenlöscher und blasen die weiße aus. Anschließend übergeben Sie die Kerzenreste einem fließenden Gewässer.

Zauber, um den Traummann anzuziehen

Dieses Ritual wird am besten an einem Freitag durchgeführt, denn der Freitag steht unter der Herrschaft der Venus. Entzünden Sie

eine rote und eine weiße Kerze, nachdem Sie die rote Kerze mit Rosenöl, Jasminöl oder dem magischen Öl »Come to me« gesalbt haben. Auch zum Räuchern verwenden Sie Rose oder Jasmin. Ihren Altar können Sie zudem mit einer schönen roten Rose in einer Vase oder im Topf schmücken. Schreiben Sie alle Eigenschaften Ihres Traummannes auf einen Zettel (diese Beschreibung kann ruhig ziemlich detailliert sein) und legen Sie den Zettel unter die rote Kerze. Sprechen Sie dann dreimal folgenden Zauberspruch:

Gibt es dich, so höre mich.
Schon lange Zeit such ich dich.
Bist du frei, so komm zu mir,
der du mein Herz, für mich Bestimmung bist.
In Liebe verbunden sein wollen wir,
für immer.

Visualisieren Sie Ihren Traummann genau so, wie Sie es sich von Herzen wünschen, mit sämtlichen Charaktereigenschaften und allen äußeren Merkmalen. Sehen Sie sich beide, in Liebe vereint. Sehen Sie sich auch in der Zukunft, wie Sie das Leben gemeinsam meistern. Anschließend bannen Sie die rote Kerze mit dem Kerzenlöscher und blasen die weiße aus. Die Reste übergeben Sie samt dem Zettel einem fließenden Gewässer. Tragen Sie das Öl, mit dem Sie die Kerze gesalbt haben, von nun an als Parfüm.

Zauber zur Steigerung von Vitalität und Wohlbefinden

Der beste Tag für dieses Ritual ist der Sonntag, denn er steht unter der Herrschaft der Sonne, die uns allen Kraft und Leben schenkt.

Sie brauchen dafür eine grüne und eine weiße Kerze. Salben Sie die grüne Kerze mit einem Zitrusduft, wie Lemongrasöl oder Orangenöl, bevor Sie beide Kerzen entzünden. Zum Räuchern verwenden Sie ebenfalls einen Zitrusduft oder Sandelholz. Brühen Sie sich außerdem einen Kamillentee auf. Er ist das Elixier der Gesundheit. Wenn Sie Kamillentee nicht mögen, sollten Sie ihn im Rahmen dieses Rituals trotzdem trinken. Sie dürfen ihn auch mit Honig süßen. Trinken Sie den Tee ganz langsam in kleinen Schlucken und stellen Sie sich vor, wie er ein heilendes, stärkendes, grünes Licht in Ihrem Inneren verbreitet, das alle Krankheitserreger aus Ihrem Körper hinaustreibt und Sie stärkt. Sagen Sie dazu dreimal folgenden Spruch:

Heilige Kamille, höre mich,
du schenkst mir Kraft, das spüre ich.
Mach mich vital, gesund und stark,
auf dass ich voller Kraft sein mag!

Dann trinken Sie den Rest des Tees, bannen die farbige Kerze mit dem Kerzenlöscher und blasen die weiße aus. Alle Reste dieses Rituals übergeben Sie einem fließenden Gewässer.

Die Macht der Rituale

Bevor Sie ein magisches Ritual durchführen, sollten Sie einige Regeln beachten. Legen Sie vorher unbedingt Ihre Alltagskleidung und sämtlichen Schmuck ab, denn während Sie das Ritual durchführen, treten Sie aus Ihrer Alltagswelt hinaus und begeben sich in die Anderswelt der Magie. Früher wurden magische Rituale nackt durchgeführt. Das ist den meisten heutigen Menschen jedoch unangenehm oder auch zu heftig. Daher habe ich verschiedenfarbige Ritualgewänder für unterschiedliche Anlässe entworfen. Sie sind aus reinen Naturfasern gearbeitet und sitzen bequem, so dass nichts zwickt und kneift und ich mich ganz auf das jeweilige Ritual konzentrieren kann. Die Farben meiner Ritualgewänder sind passend zum Anlass gewählt. Während eines Liebesrituals trage ich ein rotes, während eines Erfolgsrituals ein blaues und während einer Heilungszeremonie ein weißes Gewand. Selbstverständlich können Sie während Ihrer Rituale auch andere bequeme Kleidung in der entsprechenden Farbe tragen, aber bedenken Sie immer: Wenn Sie den größtmöglichen Erfolg erzielen wollen, sollten Sie auch die größtmögliche Sorgfalt bei den Vorbereitungen walten lassen.

Das Glück des Narren

Laden Sie Ihre Freundinnen zu diesem Glücksritual ein. Wählen Sie einen Sonntag bei zunehmendem Mond und suchen Sie schon vorher einen schönen Platz im Freien aus, an dem Sie auch ein kleines Lagerfeuer entzünden können. Alle Teilnehmerinnen sollten in gelber Ritualkleidung, mit gelbem Haarschmuck und Sonnenblumen erscheinen. Jede sollte außerdem eine Decke in einer möglichst neutralen Farbe – also nicht kunterbunt gemustert – mitbringen sowie ihre Glücksbringer und Talismane.

Sie brauchen:	*Sonnenblumen*
	Wacholder- und Zedernholz
	einen Haselnusszweig
	ein Brett und zwei Steine
	eine gelbe Altardecke
	einen großen Räucherkessel aus Kupfer
	Sand und genügend Räucherkohle
	Streichhölzer
	eine große weiße Altarkerze
	eine Glücksräucherung Ihrer Wahl
	Wacholderbeeren
	Lorbeerblätter
	Lucky-Hand- und Angel-Öl
	die Tarotkarte »Der Narr«
	genügend Decken in neutralen Farben

- Zunächst suchen alle Teilnehmerinnen Steine zusammen, aus denen der Ritualkreis gebildet wird. Achten Sie darauf, dass der Kreis nach Osten hin offen bleibt.
- Innerhalb des Kreises schichten Sie das Wacholder- und Zedernholz zu einem kleinen Lagerfeuer auf. Legen Sie den Kreis groß genug an und lassen Sie um das Feuer herum genügend Platz, damit alle innerhalb des Kreises und um das Feuer herum bequem auf ihren Decken sitzen können.
- Nun bauen Sie mit Hilfe zweier Steine und eines Brettes im Norden des Kreises einen kleinen Altar auf und breiten die

gelbe Altardecke darüber. Auf dem Altar platzieren Sie den großen kupfernen Räucherkessel, die Sonnenblumen, die weiße Altarkerze, die Sie mit Lucky-Hand- und Angel-Öl eingerieben haben, und die Tarotkarte »Der Narr«.

- Sie selbst übernehmen in diesem Ritual die Rolle der Ritualleiterin. Fordern Sie alle Teilnehmerinnen zunächst auf, sich am Eingang des Kreises im Osten aufzustellen. Bitten Sie Ihre Freundinnen dann einzeln in den Kreis und reiben Sie jeder einen Tropfen Angel-Öl auf die Stirn. Dabei wünschen Sie ihr: »Glück und Segen auf all deinen Wegen.«
- Wenn all Ihre Freundinnen im Kreis versammelt sind, schließen Sie diesen mit dem Haselnusszweig, indem Sie einen Kreis im Uhrzeigersinn in die Luft zeichnen.
- Wenn alle Teilnehmerinnen auf ihren Decken um das bereits entzündete Lagerfeuer Platz genommen und sich an den Händen gefasst haben, entzünden Sie die Altarkerze und die Räucherkohle.
- Bitten Sie jetzt laut um die Hilfe und den Beistand der Großen Göttin Diana. Wünschen Sie für Ihre versammelten Schwestern Glück, Segen und eine erfüllte Zeit herbei. Alle Wünsche sollen in Erfüllung gehen.
- Wenn die Räucherkohle gut durchgeglüht ist, geben Sie etwas von der mitgebrachten Glücksräucherung sowie Wacholderbeeren und Lorbeerblätter darauf. Bitten Sie nun Ihre Freundinnen, einzeln aufzustehen und mit ihren Glücksbringern und Talismanen jeweils dreimal um den Altar zu gehen. Jede Frau steht also auf, geht dreimal um den Altar und hält ihre Glücksbringer und Talismane in den Rauch, der aus dem kupfernen Räucherkessel aufsteigt.

- Danach setzen sich alle, auch Sie, wieder hin und halten sich an den Händen. Zehn Minuten lang herrscht Schweigen. In dieser Zeit wünscht jede Teilnehmerin den anderen im Stillen Glück und Erfolg für alles, was sie im kommenden Jahr vorhaben.
- Dann öffnen Sie den Kreis wieder, indem Sie mit dem Haselnusszweig einen Kreis gegen den Uhrzeigersinn in die Luft malen.
- Damit ist das Ritual beendet. Wenn Sie möchten, können Sie danach noch gemütlich zusammensitzen, essen, trinken und feiern.

Immerwährende Faszination der Liebe

Dieses Ritual dauert drei Wochen. Es bewirkt, dass in Ihrer Beziehung die sprudelnde Quelle der Liebe niemals versiegt und sich kein Dritter zwischen Sie und Ihren Partner drängen kann.

SIE BRAUCHEN:
eine rote Kordel
eine weiße Kerze und eine rote oder Liebesritualkerze
Räucherkessel, Sand und Räucherkohle
ein Blatt Pergamentpapier
Hypnotic-Öl
eine Liebesräucherung Ihrer Wahl
Rosenblätter und Gewürznelken
eine weiße Lilie
eine Wahrsagekugel
ein schwarzes Tuch
ein rotes Geschenkband

- In der ersten Woche setzen Sie sich jeden Abend zur Venusstunde (siehe Seite 91) auf den Boden und legen mit der roten Kordel einen Ritualkreis um sich herum. Innerhalb dieses Kreises stellen Sie die weiße Kerze, die Liebeskerze, den Räucherkessel und die weiße Lilie auf.
- Schreiben Sie nun Ihren Wunsch auf das Pergamentpapier: dass Ihr Liebster auf ewig von Ihnen fasziniert sein soll, dass er Ihren Reizen niemals widerstehen wird und so weiter. Entzünden Sie die Kerzen, nachdem Sie die Liebeskerze mit Hypnotic-Öl eingerieben haben, und räuchern Sie mit der Liebesräucherung, der noch Rosenblätter und Gewürznelken zugefügt wurden.
- Nehmen Sie nun die Wahrsagekugel zur Hand und erzählen Sie ihr genau, was Sie sich wünschen: dass Sie beide immer Spaß zusammen haben, dass er nie anderen Frauen nachschauen wird, dass Ihre Ausstrahlung immer optimal auf ihn wirken wird und so weiter. Sprechen Sie ungefähr zehn Minuten lang mit Ihrer Kugel.
- Nach sieben Tagen beenden Sie das Ritual vorläufig, und zwar mit folgender Zeremonie: Sie nehmen das Pergament zur Hand, rollen es zusammen und binden das rote Geschenkband darum. Dann geben Sie einen Tropfen Wachs von der Liebeskerze auf die Rückseite des Pergaments, drücken Ihren Daumen in das Wachs und sagen: »So soll es sein, Sela!« Anschließend decken Sie die Wahrsagekugel mit einem schwarzen Tuch zu.
- In der dritten Woche stellen Sie die Kugel jeden Abend nach Sonnenuntergang ans offene Fenster und nehmen das schwarze

Tuch weg. Lassen Sie die Kugel eine ganze Stunde lang dort stehen, damit Ihre darin eingeflossene Liebesenergie und Ihre Wünsche an den Kosmos abgegeben werden können.

- Nach Ablauf dieser Woche vergraben Sie das Pergament und die Reste der Liebeskerze unter einem Apfelbaum. Nun können Sie gewiss sein, dass Sie eine nie nachlassende Faszination auf Ihren Partner ausüben werden.

Ein Wunschkorb für das ganze Jahr

Ziel dieses Rituals ist es, Ihnen jede Woche einen besonderen Wunsch zu erfüllen, und zwar ein ganzes Jahr lang. Daher erstreckt sich das Ritual über ein ganzes Jahr. Es beginnt an einem Sonntag zwischen 14.00 und 15.00 Uhr.

SIE BRAUCHEN:
eine weiße und eine gelbe Kerze
gelbe Blumen
Räuchergefäß mit Sand und Räucherkohle
eine Glücksräucherung Ihrer Wahl
eine Duftlampe
Zitronen- oder Bergamotteöl
einen mit Lorbeer- und Rosenblättern verzierten Weidenkorb
52 kleine Zettel
ein blaues Baumwollsäckchen
Veilchenwurzel

- Bereiten Sie einen Altar vor, indem Sie eine gelbe Altardecke über einen Tisch breiten. Stellen Sie eine weiße und eine gelbe Kerze, gelbe Blumen, den mit Lorbeer- und Rosenblättern verzierten Weidenkorb, das Räuchergefäß und die Duftlampe darauf.
- Geben Sie Zitronen- oder Bergamotteöl in die Duftlampe. Zünden Sie die Kerzen und die Räucherung an.
- Setzen Sie sich dann ganz entspannt hin, machen Sie es sich gemütlich und schreiben Sie Ihre Wünsche auf 52 gleich große Zettel. Dabei ist wichtig, dass auf jedem Zettel ein anderer Wunsch steht. Tricks, die darauf hinauslaufen, dass am Ende auf jedem Zettel so etwas wie »Treffen mit dem Traumpartner«, »Dem Traumpartner begegnen« oder »Zufällig dem idealen Partner über den Weg laufen« steht, sind nicht erlaubt.
- Am Ende legen Sie alle 52 Wunschzettel in den Weidenkorb und decken diesen mit einem Tuch ab.
- An allen nun folgenden Sonntagen führen Sie diese Zeremonie bis zum Anzünden der Kerzen und der Räucherung in der gleichen Weise durch.
- Dann ziehen Sie jedes Mal einen Wunsch aus Ihrem Weidenkorb, und zwar in folgender Weise: Zunächst schließen Sie die Augen, fahren mit der linken Hand im Uhrzeigersinn über den Korb und nehmen den Zettel heraus, der Sie am meisten anzieht. Dann lesen Sie den Wunsch und prägen ihn sich genau ein. Er wird Sie durch die ganze Woche begleiten und sollte sich innerhalb dieser Woche auch erfüllen.
- Anschließend verbrennen Sie den Zettel in einer feuerfesten Schale und leeren die Asche in das blaue Baumwollsäckchen. Geben Sie auch etwas Veilchenwurzel dazu.

- Das Baumwollsäckchen tragen Sie dann die ganze Woche bei sich. Am Samstagabend streuen Sie den Inhalt in einen Bach oder Fluss. Auf diese Weise übergeben Sie Ihren Wunsch dem Kreislauf des Lebens.
- Am nächsten Tag, also am Sonntag, ziehen Sie dann wieder einen Wunschzettel aus Ihrem Korb.

Weißmagische Rezepte

Die folgenden weißmagischen Rezepte habe ich selbst ausprobiert. Daher kann ich sagen, dass sich ihre Wirksamkeit bestens bewährt hat, wann immer Schutz, Liebe, Glück, Schönheit, Ausstrahlung und persönlicher Erfolg gefragt waren. Auch der Weg, der über Zunge und Gaumen führt, ist meiner Erfahrung nach immer der richtige.

Schutz für Kinder

Haben Sie manchmal Angst, dass Ihren Kindern etwas zustoßen könnte, beispielsweise auf dem Weg zur Schule oder zu Freunden oder wenn Sie einmal über Nacht außer Haus sind? Dann sollten Sie dieses einfache Rezept ausprobieren: Streuen Sie Ihren Kindern etwas Salz auf die Zunge. Das vertreibt böse Menschen. Keiner, der Übles im Sinn hat, wird dann mehr wagen, Ihre Kinder anzusprechen.

Die große Liebe, und zwar schnell

Eine Wahrsagerin hat Ihnen vorausgesagt, dass Sie in nicht allzu ferner Zeit Ihrer großen Liebe begegnen werden. Aber leider ist bisher noch nichts passiert. Sie warten immer noch, halten es vor Ungeduld und Neugier aber kaum mehr aus. Wann kommt er denn endlich?

- Nähen Sie sich ein kleines rotes Leinensäckchen und legen Sie eine Liebstöckelwurzel und ein paar Rosenblätter hinein.
- Tragen Sie diesen Liebesbeutel immer bei sich, wohin Sie auch gehen. Das beschleunigt den Lauf der Dinge erheblich. Sie werden sehen, plötzlich steht *Er* vor Ihnen.

Glück und Treue

Glück und Treue lassen sich in der Regel nicht herbeizwingen. Man bekommt sie geschenkt und nimmt sie dankbar entgegen. Und doch: Mit Hilfe des folgenden Rezepts können Sie etwas für die Beständigkeit Ihrer Beziehung tun.

- Wenn Sie das nächste Mal zufällig in der Natur beobachten, wie sich ein Bienenschwarm auf einem Baum niederlässt, schneiden Sie einen Zweig von diesem Baum ab. Vergessen Sie aber nicht, den Baum vorher um Erlaubnis zu bitten und sich hinterher für die Gabe zu bedanken.
- Stellen Sie den Zweig zu Hause in eine Vase. Er ist von nun an Ihr Glücksbringer in Sachen Liebe und Treue.

Schwalben bringen Reichtum

Wenn Sie die folgende kleine Zeremonie durchführen, werden Ihre Taschen immer voller Geld sein. Sie werden überraschende Gewinne machen, und die finanzielle Not wird ein Ende haben.

- Achten Sie im Frühjahr auf die Schwalben. Sobald Sie die erste Schwalbe sehen, heben Sie einen Stein auf und stecken ihn in die Tasche. Dann schauen Sie der Schwalbe nach, bis sie verschwunden ist.
- Tragen Sie diesen Stein nun immer bei sich, wohin Sie auch gehen und gleichgültig, ob Sie sich aus beruflichen oder privatem Anlass mit jemandem treffen.

Königin der Nacht

Es ist Freitagabend. Sie wollen ausgehen, fühlen sich aber unsicher. Bin ich schön genug? Wie wirke ich geistreich und unwiderstehlich zugleich? Wie werde ich zum strahlenden Stern der Nacht oder, besser noch, zur Königin der Nacht? Wenn Sie sich nicht entscheiden können, welches Kleid Ihnen heute am besten steht, nehmen Sie einfach das kleine Schwarze. Das passt zu jeder Gelegenheit und zu jedem Typ. Wenn Sie alles zurechtgelegt haben, nehmen Sie ein Bad nach folgender Rezeptur. Es wird Wunder wirken.

SIE BRAUCHEN: *Stutenmilch*
einen großen Becher Buttermilch
je drei Tropfen Rosen-, Vanille- und Cleopatra-Öl
je 3 Esslöffel Honig
und Olivenöl
Theas Liebesöl

Verquirlen Sie die Zutaten zu einer cremigen Masse und geben Sie diese in das einlaufende Badewasser. Entspannen Sie sich etwa zwanzig Minuten lang in dieser wohlriechenden Mischung. Anschließend trocknen Sie sich ab, tragen Theas Liebesöl wie Parfüm auf und ziehen sich an. Jetzt können Sie sicher sein, dass jeder, der Ihnen begegnet, Sie unwiderstehlich finden wird.

Kleine Flugsalbe

Diese Salbe beschwingt und verleiht Flügel. Sie fördert Ihre Intuition und entführt Sie in höhere Sphären.

SIE BRAUCHEN:	*30 g Vaseline* *je 5 Tropfen Angel- und Olibanum-Öl* *8 Tropfen Eisenkrautöl* *eine Petersilienwurzel*

Zermahlen Sie die Petersilienwurzel zu einem feinen Brei. Damit das gut gelingt, müssen Sie die Wurzel eventuell ein wenig vorkochen. Dann geben Sie den Brei mit den Ölen in die Vaseline und mischen das Ganze gut durch, bis eine gleichmäßige Salbe entsteht. Am besten wirkt die Salbe, wenn Sie sie auf die Schläfen, die Ellbogen, die Handgelenke, die Kniekehlen und hinter die Ohren auftragen.

So wachsen die Haare wieder

Schon in früheren Zeiten wurde eifrig geforscht, mit welchen Mitteln der Haarwuchs bei von Glatzenbildung betroffenen Männern wieder angeregt werden kann. Hier ein sehr altes, aber recht wirkungsvolles Rezept:

SIE BRAUCHEN:
1 Esslöffel Sonnenblumenöl
1 Eigelb
5 Esslöffel Bier
Kamillenblüten
Haselnüsse, Kastanien und Bohnenschalen
Datteln
3 Tropfen Rosenöl

Verbrennen Sie die Haselnüsse, die Kastanien und die Bohnenschalen zu Asche. Zermahlen Sie dann die Kamillenblüten und die Datteln und vermischen Sie den Brei mit der Asche. Fügen Sie nun auch noch die restlichen Zutaten hinzu.

Mit der fertigen Masse bestreichen Sie Haare und Kopfhaut, lassen sie zwanzig Minuten lang einwirken und spülen sie dann sorgfältig wieder aus.

Apfelkuchen zum Verlieben

Liebe geht durch den Magen, heißt es so schön. Und das ist eine Erfahrungsweisheit, die man nicht gering schätzen sollte. Da der Apfel die Liebesfrucht schlechthin ist, liegt nichts näher, als daraus eine verführerische Speise zu zaubern. Mit einem Apfelkuchen nach folgendem Rezept kommen Sie und Ihr Partner bestimmt auf den richtigen Geschmack.

Sie brauchen für den Teig:	*250 g Mehl*
	1 Prise Salz
	1 Päckchen Backpulver
	3 Esslöffel Zucker
	125 g Butter
	1 Ei
für den Belag:	*5 große rote Äpfel*
	50 ml Rosenwasser
	oder 50 ml Orangenblütenwasser
	1 EL Butter
	½ Päckchen Vanillezucker
	1 Prise Kardamom
und für die Streusel:	*1 Päckchen Vanillezucker*
	3 Esslöffel Mehl
	3 Esslöffel Zucker
	1 Esslöffel Butter

- Mischen Sie die Zutaten für den Teig und kneten Sie alles mit der Hand oder einem Knethaken so lange gut durch, bis Sie eine weiche zusammenhängende Teigmasse haben.
- Lassen Sie den Teig mindestens eine Stunde lang im Kühlschrank ruhen und drücken Sie ihn dann auf den Boden einer Springform, die Sie vorher gründlich mit Butter eingefettet haben.
- Während der Teig kühlt, schälen Sie die Äpfel und schneiden sie in gleich große Schnitze. Dann geben Sie das Rosenwasser mit Butter, Vanillezucker und Kardamom in einen kleinen Topf und wärmen das Gemisch leicht an. Anschließend werden die Apfelschnitze in dieser Sauce gewälzt und auf den Teig gelegt.
- Vermischen Sie nun noch sämtliche Zutaten für die Streusel und kneten Sie die Masse so lange, bis sie sich zerbröseln lässt. Bedecken Sie die Äpfel mit den Streuseln.
- Heizen Sie den Backofen auf 200 °C vor und lassen Sie den Kuchen ca. 40 Minuten lang backen. Wenn die Streusel leicht braun sind, ist er fertig.
- Servieren Sie ihn am besten an einem Freitagabend nach dem Abendessen zusammen mit einem kräftigen Espresso.

Ein Tee für romantische Abende

Wenn Sie einen romantischen Abend gestalten wollen, denken Sie natürlich an Kerzenlicht, ein gutes Essen, romantische Musik im Hintergrund und eine gute Flasche Wein. Das gute Essen, die stimmungsvolle Kerzenbeleuchtung und die sanften Klänge sollten Sie auch unbedingt beibehalten. Aber wie wäre es, wenn Sie

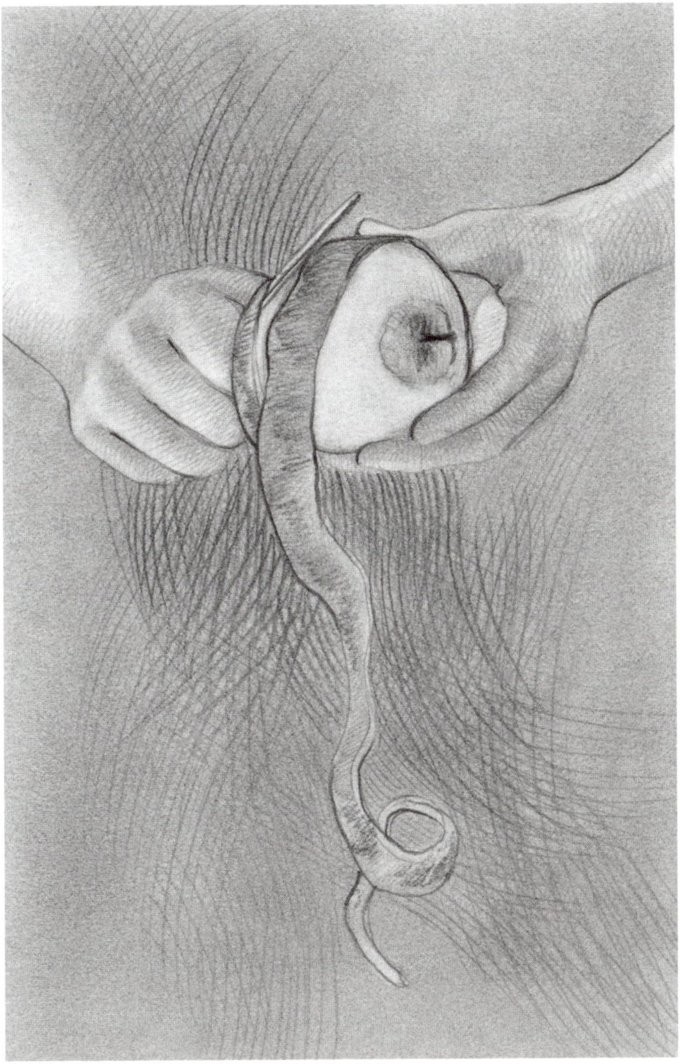

statt des Weins einen leckeren, stimulierenden Tee ausprobierten? Ich verrate Ihnen hier mein Geheimrezept für den richtigen Auftakt zu einer sinnlichen Nacht. Bereiten Sie diesen Tee in einer durchsichtigen Glaskanne zu, denn die Zutaten sind auch etwas fürs Auge.

SIE BRAUCHEN: *Johanniskraut, Lavendel und Waldmeister zu gleichen Teilen*
grünen Tee
einen Zweig frischen Waldmeister
7 Wacholderbeeren
eine Hand voll frische, rote Rosenblätter
3 Scheiben Zitrone

- Befüllen Sie ein Teeei mit einer Mischung aus Johanniskraut, Lavendel, getrocknetem Waldmeister und grünem Tee und geben Sie die restlichen Zutaten lose in die Glaskanne.
- Übergießen Sie alles mit heißem, fast kochendem Wasser und lassen Sie den Tee etwa zehn Minuten ziehen. Dann entfernen Sie das Teeei und stellen die Glaskanne mit den restlichen Zutaten auf ein dazu passendes Stövchen, damit das Getränk länger heiß bleibt.

Cocktail für reichen Geldsegen

Bei diesem Cocktail handelt es sich um eine explosive Mischung. Er verhilft Ihnen zu einem glücklichen Händchen in allen finanziellen Angelegenheiten, indem er bei Verhandlungen über Geldangelegenheiten im entscheidenden Moment für die richtigen Eingebungen sorgt. Genießen Sie dieses fruchtige Getränk also immer dann, wenn Sie irgendwie mit Geld zu tun haben oder über Geld verhandeln – sei es, dass Sie einen größeren Betrag anlegen oder bei Verhandlungen einen finanziellen Vorteil für sich herausschlagen wollen. Am besten trinken Sie den Cocktail in großen, genüsslichen Zügen.

SIE BRAUCHEN:	*eine Kiwi*
	eine halbe Banane
	22 kernlose weiße Weintrauben
	Prosecco oder grünen Tee

Pürieren Sie das Obst in einem Mixer und gießen Sie die Mischung mit Prosecco oder kaltem grünem Tee auf, je nachdem, ob Sie sich einen alkoholischen oder einen nichtalkoholischen Cocktail genehmigen möchten, was selbstverständlich Ihrem persönlichen Geschmack überlassen bleibt.

Hexenwein

Dieser Wein ist ein viel versprechendes, köstliches Getränk, das Hexen nur zu bestimmten Anlässen zu sich nehmen, etwa zu den acht großen Hexenfesten und zum Esbatfest.

SIE BRAUCHEN: *1 Liter Rotwein*
1 Teelöffel Kardamom
1 Teelöffel Nelkenblüten
2 Teelöffel gemahlene Gartenkresse
1 Messerspitze Muskatnuss

- Mischen Sie alle Zutaten mit dem Wein, kochen Sie ihn kurz auf und lassen Sie ihn dann wieder abkühlen.
- Füllen Sie das Getränk in einen Krug mit Deckel oder eine dunkle Flasche mit Schraubverschluss und lassen Sie es an einen kühlen Ort drei Tage lang gut durchziehen.

Hexensabbatkuchen

Der Hexensabbatkuchen ist eine Hexenspeise mit jahrhundertealter Tradition. Die Kuchen – eigentlich sind es eher Kekse oder Plätzchen – sollten immer frisch zubereitet werden. Reichen Sie sie zu den großen Hexenfesten.

Sie brauchen: *150 g Weizenmehl*
125 g Hafermehl
50 g braunen Zucker
75 g Butter
1 Esslöffel Honig
½ Teelöffel Backpulver
½ Teelöffel Salz
Kardamom, Zimt, Nelken
etwas Wasser

- Mischen Sie alle Zutaten und verarbeiten Sie sie zu einem glatten Teig.
- Formen Sie handflächengroße Küchlein aus dem Teig.
- Heizen Sie den Backofen auf 220 °C vor und backen Sie die Küchlein zwanzig Minuten lang.

Edelsteine und Kristalle, Amulette und Talismane

Die geheimen Kräfte der Edelsteine und Kristalle

Steine werden im Allgemeinen nicht zu den Lebewesen gezählt. Wer aber sagt uns, dass sie nicht doch leben, auch wenn sie nicht atmen wie Menschen oder Tiere? Nach germanischer Überlieferung sind die Steine und Felsen aus den Knochen eines Riesen entstanden. Demnach wären sie immerhin organischen Ursprungs. Wie entsteht ein Stein und warum wächst er? Wir wissen, dass sich auch Steine »entwickeln« und somit eine Form von Leben darstellen. Und absolut unbestritten ist, dass sie eine Ausstrahlung und eine Wirkung haben. Damit sie diese Wirkung auch behalten, müssen alle Steine von Zeit zu Zeit gereinigt und erneut mit positiven Schwingungen aufgeladen werden. Wenn Sie Ihren Stein reinigen wollen, spülen Sie ihn etwa zehn Minuten unter fließendem Wasser gründlich ab und legen ihn anschließend in eine Bergkristallgruppe, um ihn erneut mit positiver Energie aufzuladen.

Amazonit

Dieser Stein reguliert Stoffwechselstörungen und wirkt allgemein entspannend und krampflösend, vor allem bei Rücken- und Nackenverspannungen. Auf der psychischen Ebene gleicht er Stimmungsschwankungen aus, löst Depressionen, Trauer und Beklemmung auf und bringt ein gesundes Gottvertrauen.

Amethyst

Aufgrund seiner violetten Färbung steht der Amethyst für Weisheit, Hellsichtigkeit, Frömmigkeit, schöpferisches Denken und spirituelles Erwachen. Er zieht aber auch Liebe, Glück und Freundschaft an. Sein Name kommt von dem griechischen Wort *amethyein* (nicht betrunken), denn seit der Antike gilt der Amethyst als Heilmittel gegen Trunkenheit. Außerdem unterstützt er die Genesung bei Kopfschmerzen, Migräne und Verspannungen durch Stress. Er stärkt Drüsen und Hormone, regt den Stoffwechsel an und bewahrt vor Schlaflosigkeit, Unruhe und Alpträumen.

Aquamarin

Dieser hellblaue Stein macht froh, reich und hoffnungsvoll. Er hilft in Liebesdingen und beschützt die Unschuld. Bei Bronchitis, Lungenbeschwerden, Hals-, Kehlkopf- und Stimmbandproblemen wird der Aquamarin mit großem Erfolg eingesetzt. Außerdem stärkt er die Nerven, das Immunsystem und die Thymusdrüse und hilft bei Allergien und tränenden Augen.

Aventurin

Der Aventurin, ein Quarz, ist je nach Zusammensetzung goldgelb, rotbraun oder grünlich gefärbt. Der grüne Aventurin lindert Hautunreinheiten und kann aufgrund seiner sanften Schwingung auch im Herzbereich und für das Nervensystem eingesetzt werden.

Bergkristall

Der transparente Bergkristall ist ein Symbol für die Klarheit des Geistes. In der Magie gilt der Bergkristall (besonders in Kombination mit Bernstein) als idealer Schutzstein. Er hält Negatives ab und hilft, Gelerntes besser zu behalten. Außerdem beeinflusst er das dritte Auge und hat die Fähigkeit, Energie zu speichern und zu konzentrieren. Bernstein hilft bei Schilddrüsenerkrankungen sowie bei Augen- und Rückenproblemen.

Bernstein

Bernstein ist das gehärtete Harz urzeitlicher Bäume. Oft findet man in Bernsteinen Kleinstlebewesen oder Pflanzensamen, die während des Härtungsprozesses dort eingeschlossen und auf diese Weise über tausende von Jahren hinweg konserviert wurden. Jeder einzelne Bernstein hat also seine ganz eigene Geschichte und birgt sein eigenes Geheimnis. Er konserviert die Natur. Daher bewahrt er auch die Liebe und die Freundschaft und wehrt sämtliche Angriffe auf Ihre Partnerschaft ab.

Beryll

Wegen seiner zarten, durchscheinenden Blaufärbung wird der Beryll oft mit dem Aquamarin verwechselt. Er schärft unseren Blick und lässt uns die große Liebe schneller erkennen. Gleichzeitig ist er der Stein der Treue. Ein Beryll ist ein Lebensbegleiter. Er geht nie verloren. Doch wenn er zerbricht, zerbricht auch die Treue in der Liebe.

Citrin

Der Name dieses meist gelben Steins kommt aus dem Griechischen und bedeutet so viel wie Zitronenstein. Die römischen Legionäre trugen ihn als Schutz vor dem bösen Blick und vor neidischen Intrigen. Der Citrin ist ein klärender Stein. Er stärkt sensible Menschen in ihrer Ausdruckskraft, hilft bei Depressionen und bewahrt vor Trübsal und düsteren Gedanken.

Diamant

Aus der Dunkelheit ans Licht: Der strahlend helle, reine Diamant entsteht aus schwarzer Kohle, so wie das Kind aus der Dunkelheit des weiblichen Schoßes ans Licht kommt. Welch eine Assoziation! Kein Wunder also, dass der Diamant damals wie heute die höchste Ehrerbietung symbolisiert, die ein Mann einer Frau entgegenbringen kann. Traditionell ist ein Verlobungsring mit einem Diamanten geschmückt. Er bezeugt nicht nur die Liebe, die der Mann für die Frau empfindet, der er diesen Ring schenkt, sondern auch seinen festen Willen, den Weg des Lebens fortan gemeinsam mit ihr zu gehen. Ein Diamant hält ein Paar über alle Höhen und Tiefen der Beziehung hinweg zusammen. Er ist ein Unterpfand der Treue, kann sich aber auch als Stein der Versöhnung erweisen.

Gagat oder Jett

Als Gagat oder Jett bezeichnet man bearbeitete schwarze Braunkohle, auch Pechkohle genannt. Dieses Material wird bereits seit der Bronzezeit zu Schmuck verarbeitet und ist ein ganz besonderer Schutztalisman. Gagat hilft bei Schmerzen in den Gelenken sowie bei Arthritis, Rheuma und deren Begleiterscheinungen, aber auch bei Atemwegsproblemen und Bronchitis. Außerdem erleichtert er die Trauerarbeit nach einem Verlust und schenkt den Betroffenen neuen Mut, der ihnen über die schwere Zeit der Trauer hinweghilft.

Heliotrop

Der Heliotrop, auch Blutjaspis genannt, gilt unter anderem als Schutzstein der Reisenden. Er bewahrt vor Unfällen, stärkt den Intellekt und schützt vor Alpträumen. Außerdem lindert er Herzbeschwerden und Unterleibsprobleme, wirkt belebend bei Müdigkeit und Erschöpfung und stärkt die Konzentrationsfähigkeit, was für die Meditation von Nutzen ist.

Howlith

Der Howlith wirkt wie ein Magnet. Er befreit den Körper von überschüssiger Flüssigkeit (z. B. Wasser) und unterstützt entsprechende Diäten. Auf jähzornige und aufbrausende Menschen kann er besänftigend wirken. Folglich hat er auch eine günstige Wirkung auf Gerichtsverhandlungen und Prozesse.

Jaspis, rot

Der rote Jaspis wird auch als »Mutter der Steine« bezeichnet. Er schenkt Weisheit und vermittelt elementare Kraft und geduldige Liebe. Auf der körperlichen Ebene stillt er Blutungen aus der Nase und anderen Wunden und hat eine besondere Wirkung auf Leber, Gallenblase und Haut. Im energetischen Bereich wirkt er schützend und vitalisierend und gibt verlorene Lebensenergie wieder zurück, wenn man ihn auf das Wurzelchakra legt.

Auch für Liebe und Leidenschaft spielt der rote Jaspis eine wichtige Rolle. Wenn Sie das Gefühl haben, dass aus Ihrer Beziehung die »Luft raus ist« und der erotische Funke nicht mehr so recht zünden will, hilft Ihnen der rote Jaspis aus dem Tief der Lustlosigkeit. Dieser warme, rote Stein regt die zärtliche, spielerisch phantasievolle Erotik an, entflammt die erkaltete Leidenschaft und lässt die Liebe wieder neu erblühen.

Karneol

Der rote Karneol ist ein sehr zauberkräftiger Talisman, denn er schützt, bringt Glück und fördert dynamisches Handeln. Auf der körperlichen Ebene ist er ideal bei Beschwerden im Unterleib. Er hilft, Giftstoffe aus dem Körper auszuscheiden, entlastet die Nieren sowie den Leber- und Gallenbereich und fördert die Darmtätigkeit ebenso wie die Verdauung.

Labradorit

Dieser Stein beeindruckt durch sein irisierendes Farbenspiel. Auf der körperlichen Ebene regt er die Selbstheilungskräfte an und aktiviert das Muskelsystem. Außerdem wirkt er anregend auf den Kreislauf und ist gut gegen Rheuma. Auf der geistigen Ebene steigert er das Erinnerungsvermögen und stärkt das Gedächtnis. Auf der energetischen Ebene gilt er als stärkster Stein zum Aktivieren der Handchakras.

Lapislazuli

Der tiefblaue Lapislazuli wird auch »Stein des Himmels« genannt. Er erzeugt Harmonie, verschafft Freunde, flößt neuen Lebensmut ein und zieht machtvolle, hoch entwickelte Geister an. Auf der körperlichen Ebene wirkt er beruhigend, krampflösend und fiebersenkend und hilft bei Hautausschlägen und Insektenstichen.

Malachit

Der tiefgrüne Malachit verschafft uns Klarheit über uns selbst. Er lehrt uns, die Verantwortung für unser Tun und unsere Lebensführung zu übernehmen, und befreit das Unterbewusstsein von allen möglichen Ängsten. Als Talisman verleiht er seinem Träger Intelligenz und Überzeugungskraft und führt ihn zum Erfolg. Auf der körperlichen Ebene übt er einen günstigen Einfluss auf Magenleiden aus. Auf der energetischen Ebene aktiviert er das Herzchakra.

Mondstein

Speziell für Frauen ist dieser Stein ein Mutmacher, denn er schenkt seiner Trägerin jenes Selbstvertrauen, das nötig ist, um in der Liebe aktiv zu werden. Wenn Sie schon zu lange allein in Ihrem Bett liegen, sollten Sie sich drei Mondsteine unter das Kopfkissen legen. Dann wird Ihre Einsamkeit bald

ein Ende haben. Warum? Weil der Einfluss der Mondsteine Ihre Ausstrahlung verändert. Sie wirken attraktiver und fühlen sich ermutigt, auf andere zuzugehen und Ihre Wünsche und Vorstellungen klar und entschieden zum Ausdruck zu bringen.

Rauchquarz

Diese rotbraune Varietät des Quarzes wirkt auf Unterleib und Geschlechtsorgane und steigert die Fruchtbarkeit. Außerdem stärkt der Rauchquarz das Herz und die Nieren.

Rosenquarz

Der rosafarbene Rosenquarz stärkt das Herz, den Kreislauf und die Blutgefäße. Bei Frauen hat er einen wohltuenden Einfluss auf die Eierstöcke, bei Männern auf die Hoden – er verhilft zur Fruchtbarkeit und wirkt Geschlechtskrankheiten entgegen. Der Rosenquarz heilt offene Wunden und unterstützt die Blutreinigung. Er ist aber auch ein wichtiger Heilstein für die Seele. Speziell bei Liebeskummer wirkt er besänftigend und öffnet das Herz, das sich aus Kummer und Enttäuschung verschlossen hat. Er macht für eine neue Liebe empfänglich und hilft, trotz schlechter Erfahrungen wieder zuversichtlich in die Zukunft zu schauen.

Rubin

Der feurig rote Rubin gilt als Stein der Macht, der Redlichkeit und des Mutes und ist außerdem ein Symbol der Klugheit und des Fleißes. Er ist das Zentrum der magischen

Energie, erzeugt Freude und schützt vor Unannehmlichkeiten. Auf der körperlichen Ebene schützt der Rubin vor Schwächeanfällen, nimmt die Lethargie und stärkt die Sehkraft.

Auch unterstützt er die Liebe und fördert die Leidenschaft. Man kann sogar sagen, dass er für Leidenschaft pur steht. Seine tiefrote Farbe erinnert an die Glut des Feuers. Früher eilte dem Rubin der Ruf voraus, er könne Wasser zum Kochen bringen. Bewiesen wurde das freilich bis heute nicht. Wenn es aber darum geht, den eigenen Partner oder eine neue Liebe zu verführen, ist der Rubin der beste Begleiter, den man sich wünschen kann. Mit ihm ist der Erfolg gewiss.

Saphir

Der meist dunkelblau gefärbte Saphir ist der Stein der Magie und Kraft. Er strahlt Sanftheit und Frieden aus, sorgt für Gerechtigkeit und bringt die Wahrheit ans Licht. Auf der körperlichen Ebene hilft er bei der Regeneration von Haut, Haaren und Nägeln und mindert den Haarausfall. Saphire sind auch gut gegen Nervosität und übermäßiges Schwitzen sowie bei Gemütserkrankungen.

Sprudelstein (Rhodochrosit)

Der Sprudelstein, auch Rhodochrosit oder Inkarose genannt, stärkt das Selbstbewusstsein, fördert die Kreativität und das schöpferische Denken und beugt Alpträumen vor. Auf der körperlichen Ebene fördert er die Leistungsfähigkeit.

Sugilith

Der dunkelblaue Sugilith regt den Energiefluss des Körpers an, aktiviert das Sprachzentrum und wirkt reinigend auf die Drüsen sowie auf Leber und Galle.

Türkis

Der himmelblaue Türkis gilt in vielen Kulturen als heiliger Stein. Er schützt vor dem »bösen Blick«, bringt Liebe und Mut und reduziert körperliche und geistige Spannungen. Auf der körperlichen Ebene wird er gegen zahlreiche Beschwerden eingesetzt: bei mangelhafter Leberfunktion, zur Stärkung der Augen, zur Linderung bei Halsentzündungen, zum Schutz der Schleimhäute und um kleinere Beschwerden in den Atemwegen zu kurieren. Außerdem kräftigt er das Herz und sorgt für eine vermehrte Durchblutung des Muskelgewebes, besonders bei Bänder- und Sehnenrissen. Auf der seelischen Ebene zeigt sich seine positive Wirkung vor allem bei Depressionen. Der Türkis ist weicher und lebendiger als andere Steine, was den Nachteil hat, dass er zerspringen, zerbrechen, altern und »sterben« kann. Wenn Ihnen das mit Ihrem Türkis passiert, sollten Sie ihn loslassen und Mutter Erde zurückgeben, denn schließlich hat er seine ganze Kraft für Sie gegeben.

Amulette und Talismane

Das Wort Amulett kommt vom arabischen *hamale* (Anhänger, Gehänge) und bezeichnet ein Objekt, dem schützende magische Kräfte zugeschrieben werden. Man kann auch sagen, dass es sich bei einem Amulett um ein Kraftobjekt handelt, das seinen Träger in unmittelbaren Kontakt mit den kosmischen Kraftquellen bringt. Ein Amulett wird normalerweise von dem späteren Träger selbst hergestellt und geweiht. Dafür wählt man am besten einen Tag, der von dem Planeten beherrscht wird, welcher die besten Bedingungen für die Absichten bietet, die man mit der Herstellung des Amuletts verbindet (siehe unten).

Ein Talisman (vom arabischen *tilsam* = Zauberbild) ist ein Glücksbringer, der meist irgendwie auf einen zukommt oder den man mehr oder weniger zufällig entdeckt: ein Stein, eine Feder, ein Ring, ein Anhänger und so weiter. Im Gegensatz zum Amulett erfüllt ein Talisman seine Funktion als Glücksbringer oft nur zeitlich begrenzt und verliert seine besondere Aura wieder, sobald er seinen Zweck erfüllt hat. Es gibt natürlich auch Talismane, die dauerhaft Glück bringen.

Der Tag bestimmt die Wirkung

Ein Amulett oder Talisman sollte, damit es/er seine magische Wirkung am besten entfalten kann, an bestimmten Tagen und zu bestimmten magischen Stunden angefertigt und geweiht, aber auch getragen werden. Es/er besitzt je nach der Qualität des Tages, an dem es/er angefertigt wird, unterschiedliche Qualitäten.

Montag – Mond: Amulette und Talismane, die man an einem Montag weiht beziehungsweise trägt, machen fröhlich und liebenswürdig und schützen vor Feinden. Sie helfen beim Erwerb von Reichtum und wehren böse Träume ab. Weiterhin begünstigen sie Reisen, die Erfüllung von Wünschen, Rituale und geistige Verbindungen.

Dienstag – Mars: Amulette und Talismane, die man an einem Dienstag weiht beziehungsweise trägt, schützen vor Streitigkeiten und Missgunst und steigern das allgemeine Lebensgefühl.

Mittwoch – Merkur: Amulette und Talismane, die man an einem Mittwoch weiht beziehungsweise trägt, bewirken, dass Wünsche in Erfüllung gehen. Sie fördern den Wohlstand und gute Geschäfte und sorgen für hohe Gewinne. Weiterhin wecken sie die Intuition, stärken das Gedächtnis und regen das Denken an.

Donnerstag – Jupiter: Amulette und Talismane, die man an einem Donnerstag weiht beziehungsweise trägt, wirken sich förderlich auf segensreiche magische Zeremonien oder die Beschwörung höherer Kräfte aus. Außerdem bringen sie Liebe, Gunst, Glück, Reichtum und Ehre und begünstigen die Ausbreitung von Eintracht und Frieden.

Freitag – Venus: Amulette und Talismane, die man an einem Freitag weiht beziehungsweise trägt, fördern Freundschaft, Liebe und künstlerischen Erfolg. Streitigkeiten können mit ihrer Hilfe einträchtig beigelegt werden.

Samstag – Saturn: Amulette und Talismane, die man an einem Samstag weiht beziehungsweise trägt, machen selbstsicher, verleihen Macht und Ausdauer und schützen vor unheilvollen Behexungen, die sich gegen die eigene Gesundheit richten. Der Samstag ist darüber hinaus ein guter Tag, um Haus- und Grundbesitz zu vermehren.

Sonntag – Sonne: Amulette und Talismane, die man an einem Sonntag weiht beziehungsweise trägt, dienen der Erweckung von Liebe und Freundschaft, bringen Ruhm und Ehre und rufen das Wohlwollen und den Schutz hochgestellter Persönlichkeiten herbei.

Bewährte Amulette und Talismane

- **Hexagramm** (**Sechsstern**, auch **Siegel Salomons** genannt): Das Hexagramm ist ein Symbol für die Vereinigung von Feuer und Wasser. Es hilft bei magischen und rituellen Arbeiten und bietet allen Hexen und Hexern wirksamen Schutz.
- **Pentagramm (Fünfstern):** Das Pentagramm ist in allen magischen Traditionen der Welt bekannt. Es steht sowohl für die Vollkommenheit als auch für den magischen Schutzkreis, der alle negativen Einflüsse fern hält.

- **Liebespentagramm:** Ein Liebespentagramm holt die Liebe des Partners zurück und hält sie fest.
- **Hathor:** Ein Bild der ägyptischen Himmelsgöttin symbolisiert Macht über die Liebe.
- **Venus:** Ein Bild der römischen Göttin der Liebe symbolisiert Liebe, Harmonie und Zufriedenheit.

Wie schon gesagt: Sie können Amulette, Talismane, Schutzzeichen oder Glücksbringer fertig kaufen, eigens anfertigen lassen, aber auch selbst entwerfen und herstellen. Im Grunde genommen eignet sich jeder Gegenstand als Amulett oder Talisman, an dem man von Herzen hängt oder der eine ganz besondere Bedeutung für seinen Träger hat. Wichtig ist, dass Sie fest an die dem Gegenstand innewohnende Kraft glauben.

Ein besonderer Glücksbringer

Wenn Ihnen nichts gelingen will und Sie das Gefühl haben, dass sich auch keine neuen Perspektiven für Sie ergeben, können Sie sich mit einem einfachen, aber äußerst wirksamen Glücksbringer von vielen Sorgen und Nöten befreien.

SIE BRAUCHEN:	*eine frische Zitrone* *möglichst viele Stecknadeln mit bunten Köpfen, allerdings nicht schwarz oder dunkelblau*

- Stecken Sie möglichst viele Stecknadeln in die Zitrone. Vermeiden Sie jedoch solche mit dunkelblauen und schwarzen Köpfen.
- Bei jedem Stich wünschen Sie sich und Ihrem Vorhaben von ganzem Herzen Glück.
- Legen Sie den Glücksbringer entweder auf Ihren Hausaltar oder an Ihren Lieblingsplatz. Sie werden sehen, wie schnell das Glück bei Ihnen Einzug hält und wie viele Sorgen und Probleme sich dadurch fast wie von selbst auflösen.

Krafttiere – unsere himmlischen Begleiter

Unter Krafttieren, oft auch als Avatare bezeichnet, versteht man Begleiter des spirituellen Selbst, die im Unterbewusstsein eines jeden Menschen sitzen und in bestimmten Situationen zum Vorschein kommen, beispielsweise wenn der Mensch wütend oder ärgerlich, aufgeregt oder gestresst ist. Jeder Mensch reagiert anders auf seine Umwelt und vor allem auf schwierige persönliche Situationen, und zwar abhängig davon, welchen Charaktereigenschaften sein Krafttier entspricht. Krafttiere haben ihre Entsprechung in jenen Mischwesen aus Mensch und Tier, von denen die Menschen früherer Zeiten immer wieder berichteten, zum Beispiel dem Minotaurus (Stiermensch), den Harpyen (Vogelmenschen) und den Centauren (Pferdemenschen) der griechischen Mythologie. Die Aufgabe eines Krafttieres besteht nicht zuletzt auch darin, unseren physischen Körper vor Besessenheit zu schützen und das feinstoffliche Ich rechtzeitig zurückzuholen, wenn diesem auf außerkörperlichen Reisen Gefahr droht.

Die meisten Menschen haben mehr als ein Krafttier, je nachdem, wie viele Erfahrungen sie bereits aus anderen Leben mitbringen. Die Anzahl der Krafttiere hängt aber auch von der Entwicklungsstufe des Menschen ab. Das Unterbewusstsein neugeborener Babys ist meist noch von relativ vielen Krafttieren bewohnt, doch je älter der Mensch wird, desto weniger Avatare begleiten ihn. Manche sagen, dass unser jeweiliges Krafttier nach etwa sieben Jahren einem anderen Platz macht. Gegen Ende unseres Lebens haben wir jedenfalls meist nur noch einen einzigen dieser tierischen Begleiter, mit dem wir uns in völligem Einklang befinden, wenn unsere irdische Uhr abgelaufen ist.

Ritual zur Kontaktaufnahme mit dem Krafttier

Vor dem eigentlichen Ritual sollten Sie zunächst Kontakt zu Ihrem, Ihnen bis dahin noch unbekannten Krafttier aufnehmen. Beobachten Sie sich etwa vier Wochen lang. Wie reagieren Sie in bestimmten Situationen auf Ihre Mitmenschen und Ihre Umgebung? Können Sie Ähnlichkeiten mit tierischen Verhaltensweisen entdecken? Halten Sie all Ihre Beobachtungen schriftlich fest. Nach einiger Zeit haben Sie einen vagen Eindruck von dem Tier, das Ihr Unterbewusstsein dominiert. Passend zu diesem Eindruck beziehungsweise zur Energie des entsprechenden Tieres suchen Sie dann eine Räucherung aus. Zu Tieren mit Mondenergie (etwa Katze) passt beispielsweise Myrrhe, zu Tieren mit Jupiterenergie wie dem Adler passt Zeder und so weiter. Nun können Sie das Ritual durchführen, am besten an einem Sonntag zwischen 14.00 und 15.00 Uhr (Winterzeit).

SIE BRAUCHEN:	*mystische Musik* *13 Teelichter* *zwei weiße Kerzen* *eine Decke als Unterlage* *Räucherkessel und Räucherkohle* *eine zur Energie Ihres Avatars passende Räucherung* *Abramelin-Öl*

- Dunkeln Sie einen Raum ab, lassen Sie im Hintergrund mystische Musik laufen und stellen Sie zwölf Teelichter in einem großen Kreis auf. In die Mitte des Kreises legen Sie die Decke. Dann stellen Sie die beiden weißen Kerzen, das 13. Teelicht sowie den Räucherkessel auf ein Tablett.
- Zünden Sie die Teelichter, die weißen Kerzen und die Räucherkohle an. Legen Sie die Kohle in den Räucherkessel und warten Sie ab, bis sie richtig glüht. Geben Sie dann einen Teelöffel der passenden Avatar-Räucherung hinzu.
- Nun setzen Sie sich mit Blick nach Osten im Schneidersitz auf die Decke, stellen das Tablett vor sich und sprechen die magischen Worte:

Im Namen von Göttin und Gott!
Im Namen des Lichtes!
Sei willkommen!
Im Namen von Göttin und Gott!

- Tropfen Sie nun etwas von dem magischen Abramelin-Öl auf Ihren Zeigefinger und zeichnen Sie sich damit ein Pentagramm auf die Stirn. Dann setzen Sie das Ritual fort, und zwar mit der magischen Formel:

  Sei gegrüßt mein Avatar!
  Fließe ein, du energetische Kraft!
  In Einklang soll gelangen
  Deine Kraft mit meiner
  Und meine Kraft mit deiner!
  Kommt zusammen,
  was zusammengehört,
  im Einklang mit der Natur, KARNAYNA,
  und der Liebe, ARADIA!
  Im Namen des Lichtes!
  Im Namen von Göttin und Gott!

- Schließen Sie nun die Augen und visualisieren Sie einen violetten Strahl, der von oben kommt und den Kreis aus Teelichtern umschließt.
- Konzentrieren Sie sich voll auf Ihr Krafttier, bis Sie es klar vor Augen sehen können.
- Wenn Sie mehrere unterschiedliche Tiere sehen, dann haben Sie auch mehr als einen Avatar. Manche Menschen brauchen eben sowohl die Kraft eines Löwen als auch die Freiheit eines Adlers.

Wenn Sie dieses Ritual einmal durchgeführt haben und es von Zeit zu Zeit wiederholen, um Ihr Krafttier noch besser kennen zu lernen, wird es Ihnen zunehmend leichter fallen, in schwierigen Momenten ruhiger zu werden beziehungsweise beweglicher zu reagieren. Auch werden Sie mehr und mehr in der Lage sein, die Energie Ihres Krafttieres gezielt in Alltagssituationen einzusetzen. Wenn Sie mit Ihrem Krafttier im Einklang sind, stehen Ihnen alle Wege offen.

Nachdem Sie sich einmal erfolgreich auf Ihr Krafttier eingestimmt haben, sollten Sie auf jeden Fall Ihr Notizbuch weiterführen. Schreiben Sie zum Beispiel Gedichte und Botschaften an Ihren inneren himmlischen Begleiter in dieses Buch. Wenn Sie sich dann mit Ihrem Krafttier verbinden wollen, können Sie das einfach dadurch tun, dass Sie mit ihm sprechen und es um Kraft und Schutz bitten. Vereinigen Sie seine Kraft mit der Ihren.

Das Krafttier mit zusätzlichen Eigenschaften ausstatten

Wenn es Ihnen erstrebenswert erscheint oder Sie auch noch andere Eigenschaften an sich selbst erfahren möchten, können Sie Ihr Krafttier mit zusätzlichen Eigenschaften ausstatten, beispielsweise mit den Eigenschaften anderer Tiere oder der Tierkreiszeichen aus der Astrologie. Doch bevor Sie sich zu diesem Schritt entschließen, sollten Sie sich die anvisierten Eigenschaften klar vor Augen führen. In der folgenden Aufstellung werden die Eigenschaften bestimmter Krafttiere mit denen der Tierkreiszeichen in Verbindung gebracht.

- Gebt dem Steinbock einen Kolibri, damit er den Spaß am Leben behält.
- Schickt dem Wassermann den Adler, auf dass er endlich seine Freiheit bekommt.
- Gebt dem Fisch einen Hund, damit die Angst die Kraft verliert.
- Gebt dem Widder einen Tiger, damit er ein würdiger Wächter und Kämpfer sein kann.
- Schenkt dem Stier einen Wolf, damit er keine Angst vor der Zukunft zu haben braucht.
- Gebt dem Zwilling einen Delphin, damit sein Interesse am Aufstieg steigt.
- Schenkt dem Krebs eine Eule, damit sie für ihn voraussehen kann und er nicht zurückmuss.
- Gebt dem Löwen einen Wal, damit er weise und bedacht bleibt.
- Schenkt der Jungfrau einen Habicht, damit sie kraftvoll ihre Ziele verwirklichen kann.
- Gebt der Waage einen Bären, denn bei ihm findet sie Kraft, Balance und Harmonie.
- Gebt dem Skorpion einen Drachen, damit er seine Freiheit und Stärke erhält.
- Gebt dem Schütze ein Pferd, damit er die Botschaft der Gerechtigkeit und der Harmonie schneller verbreiten kann.

Wenn Sie den Inhalt dieser Botschaften richtig deuten, sind Sie auch in der Lage, Ihr Krafttier mit den angestrebten Charaktereigenschaften anzureichern. Sie können es aber genauso gut um die Eigenschaften eines Elefanten, einer Ameise oder eines Bären erweitern.

Ritual zur Erweiterung der Eigenschaften eines Krafttieres

Besorgen Sie sich ein Foto Ihres Krafttieres, bevor Sie dieses Ritual durchführen. Sie können eine Postkarte verwenden oder beim nächsten Zoobesuch selbst ein Foto Ihres tierischen Begleiters schießen. Außerdem benötigen Sie eine Postkarte oder ein Foto des Tieres, um dessen Eigenschaften Sie Ihr Krafttier bereichern wollen. Führen Sie das Ritual am besten an einem Montag zwischen 11.00 und 12.00 Uhr oder zwischen 18.00 und 19.00 Uhr (Winterzeit) durch.

SIE BRAUCHEN:	*mystische Musik* *25 Teelichter* *eine Decke als Unterlage* *zwei weiße Kerzen* *Abramelin-Öl* *zwei Postkarten oder Fotos (siehe oben)*

- Dunkeln Sie einen Raum ab, lassen Sie mystische Musik im Hintergrund laufen und stellen Sie 24 Teelichter in einem großen Kreis auf. In die Mitte des Kreises legen Sie die Decke. Stellen Sie die beiden weißen Kerzen, das Abramelin-Öl sowie das 25. Teelicht auf ein Tablett.
- Setzen Sie sich nun mit Blick nach Osten im Schneidersitz auf die Decke. Das Tablett steht vor Ihnen. Salben Sie die weißen Kerzen rundherum mit dem Abramelin-Öl ein, und zwar von der Mitte nach oben und von der Mitte nach unten. Zünden Sie dann die beiden Kerzen und die 25 Teelichter an.

- Nehmen Sie das Bild Ihres Krafttieres in die linke Hand und schließen Sie die Augen. Stellen Sie sich einen violetten Strahl vor, der von oben in Ihren Kopf einfließt. Sein Licht und seine Kraft verteilen sich in Ihrem Körper. Nach einigen Minuten haben Sie das Gefühl, dass Sie ganz von diesem violetten Strahl erfüllt sind.
- Dann öffnen Sie die Augen wieder und nehmen das zweite Bild in die rechte Hand. Strecken Sie Ihre Hände mit den Handflächen nach oben von sich. Visualisieren Sie beide Tiere vor Ihrem inneren Auge und stellen Sie sich vor, wie sie ineinander fließen und eins werden. Sprechen Sie dabei die folgenden magischen Worte:

Im Namen von Göttin und Gott!
Kommt zusammen,
was zusammengehört:
Seine Kraft zu deiner
Und deine Kraft zu seiner.
Meine Kraft zu seiner
Und seine Kraft zu meiner.
Meine Kraft zu deiner
Und deine Kraft zu meiner.
So kommt zusammen,
was zusammengehört!
Im Namen von Göttin und Gott!

- Sprechen Sie diese Formel ganz bewusst dreimal hintereinander und öffnen Sie dann die Augen. Bleiben Sie anschließend noch einige Minuten in dieser Position sitzen und spüren Sie die inneren Kräfte, die Sie soeben aktiviert und in Ihren Körper geleitet haben.

Übung für schwierige Situationen

Damit Sie in schwierigen Momenten oder auch in Alltagssituationen auf die Eigenschaften Ihres Krafttieres zurückgreifen können, empfehle ich Ihnen das folgende kleine Ritual:

- Atmen Sie dreimal tief ein und wieder aus.
- Nehmen Sie Kontakt zu Ihrem Krafttier auf und stellen Sie es sich vor.
- Versuchen Sie nun, die Situation dadurch in den Griff zu bekommen, dass Sie die Eigenschaften Ihres Krafttieres, die gerade angesagt sind, besonders hervorheben beziehungsweise andere Eigenschaften unterdrücken.

Schlusswort

Liebe Leser, liebe Freunde,
mit diesem Buch haben Sie einen schnellen und kurzen Einstieg in die moderne Hexenkunst bekommen. Das so gewonnene Wissen können Sie nun jederzeit einsetzen, um Ihr Leben glücklicher und angenehmer zu gestalten. Natürlich ist noch kein Meister vom Himmel gefallen. Geben Sie also nicht gleich auf, wenn Ihnen etwas nicht auf Anhieb gelingt. Gut Ding will Weile haben. Oft genügt schon ein kleiner Anstoß in die richtige Richtung, und der Erfolg stellt sich schnell ein, wenn das Vertrauen in die eigenen Fähigkeiten erst geweckt wurde. Jeder, der die Rituale sorgfältig durchführt, wird spüren, welche ungeahnten Kräfte in ihr oder ihm zum Leben erwachen. Die wichtigsten Zutaten für die in diesem Buch beschriebenen Rituale sollte jeder Mensch allerdings selbst mitbringen: einen starken Willen, Demut vor dem Göttlichen, einen ausgeprägten Gerechtigkeitssinn und vor allem sehr viel selbstlose Liebe. Das ist das Wichtigste, denn ohne diese positive Energie kann und wird Ihnen nichts gelingen.

Ich selbst bin eine Wicca-Priesterin, und ich ehre die Natur und jedes Lebewesen. Auch Sie werden sehen, dass Ihnen der Umgang mit Pflanzen, Tieren, Geistern, Kobolden, Elfen, Engeln und Göttinnen und Göttern völlig neue Bewusstseinsebenen eröffnet.

Tu was du willst, aber schade niemandem.
Toleranz, Liebe, Glaube und Respekt vor jedem Lebewesen ist das Ziel.

Das, liebe Leser und Freunde, ist mein oberstes Gebot, und würden sich alle daran halten, hätten wir eine sehr viel herzlichere Welt.

Sollte dieses Buch Ihr Interesse an der Hexenkunst geweckt und bewirkt haben, dass Sie noch viel mehr darüber wissen wollen, so rate ich Ihnen, diesen Weg weiter zu studieren und sich eine Lehrerin oder einen Lehrer zu suchen oder an eine der vielen »Hexenschulen« zu wenden. Natürlich können Sie sich auch gern an meiner »Online-Hexenschule« beteiligen und Ihr Wissen auf diese Weise erweitern und vertiefen. Sie finden uns im Internet unter www.hexenhaus.net. Nach Beendigung Ihrer Lehrzeit an unserer Schule erhalten Sie Ihr Diplom als eingeweihte »weißmagische Hexe«.

Wenn Sie jetzt noch die eine oder andere Frage haben sollten, so scheuen Sie sich nicht, Kontakt mit uns aufzunehmen. Schreiben Sie mir einfach oder senden Sie eine E-Mail. Ich werde Ihre Post der Reihe nach beantworten.

Möge die Göttin stets für Sie sorgen!
Möge Gott Sie leiten, auch morgen!
Sela!

In Licht und Liebe
Thea

Dank

Mein besonderer Dank gilt meinem Geistführer, meinen Engeln sowie der großen Göttin und Gott. Immer wieder bestärken sie mich in meinem Glauben und unterstützen mich in meiner Arbeit. Ein Dankeschön auch an meine Familie, deren Liebe ganz wichtig für mich ist. Besonders möchte ich meiner Freundin und Seelenschwester Doris danken, die immer selbstlos für mich da ist. Allen meinen Freundinnen und Freunden danke ich für ihre Liebe und ihr Vertrauen. Ein besonderes Dankeschön geht an Maria, die gute Fee in unserem Hause, und an Medina, meine persönliche Schülerin, die einen ganz wunderbaren Weg vor sich hat. Ich danke auch meinen »HexenschülerInnen«, die mich schon eine ganze Weile vertrauensvoll begleiten und ohne die eine »Online-Hexenschule« gar nicht möglich wäre. Danke für eure Liebe und euren Einsatz. Ein herzliches Dankeschön geht schließlich an all meine treuen Leser und Schüler sowie an den Verlag und seine Mitarbeiter, ohne deren Hilfe ein Buch wie dieses nicht zustande kommen kann.

Licht sei mit euch,
Licht sei in euch! Sela!

Aus Theas Leben

Schon Theas Vorfahren waren größtenteils außergewöhnlich spirituelle Menschen, und seit jeher wird in ihrer Familie magisches Wissen in Form der »alten Weisheiten« weitergegeben. Seit einem einschneidenden Erlebnis in jungen Jahren beschäftigt sich Thea intensiv mit der Thematik des ganzheitlichen Denkens und Lebens. Sie begann, die Zukunft für ihre Freunde aus den Tarotkarten zu lesen. Ihre Prognosen, die zu mehr als 80 Prozent eintrafen, bestärkten sie in dem Gefühl, dass sie dazu berufen ist, anderen Menschen auf diesem Weg zu helfen.

Es folgte eine mehrjährige psychologisch-kosmologische Ausbildung in der Schweiz, Amerika und Deutschland. Sie ist seit dieser Zeit eine initiierte Wicca-Priesterin. Thea beherrscht die Symbolik der Göttlichen Magie und der Kabbala, das Kartenlegen, die Rückführung in frühere Leben, sowie Astrologie. Thea ist ein Medium der geistigen Welt und steht ständig mit ihrem Geistführer in Kontakt. Aufgrund dieser Fähigkeiten haben schon viele Menschen Theas Hilfe in Anspruch genommen.

Sie praktiziert ausschließlich weiße Magie und bezieht ihre Kraft und Intuition aus den Wurzeln unseres europäisch-keltischen Kulturgutes und dem Wicca-Kult. Sie ist seit vielen Jahren erfolgreiche Autorin verschiedener Bücher und Zeitschriften. Seit einiger Zeit ist Thea nun auch studierte Universologin mit Diplom.

Kontakt zu Thea:

Hexenhaus.net
Postfach 82 07 61
81807 München

Telefon: 089/42 77 52 17
Internet: www.hexenhaus.net
E-mail: thea@hexenhaus.net